Mauerblümchen Theologie
Zur Rolle der Theologie im Wissenschaftsbetrieb

FORUM ST. STEPHAN

Gespräche zwischen Wissenschaft, Kultur und Kirche

Band 12

In den Gesprächen des Forum St. Stephan geht es um jene Phänomene, zu deren tieferem Verständnis mehrere Wissenschaftszweige Beiträge leisten können. In der Öffentlichkeit wird die Notwendigkeit einer interdisziplinären Behandlung solcher Fragen - und welche existentiellen Probleme gehören nicht dazu - ebenso stark betont wie ihre Schwierigkeit unterschätzt wird. Nur wenige Ansätze haben sich bisher als fruchtbar erwiesen.

Die Arbeitsweise des Forum St. Stephan beruht auf der einfachsten, der additiven Methode: Jede für ein gewähltes Thema relevante Wissenschaftsdisziplin erhält die Gelegenheit, ihren fachspezifischen Beitrag zu leisten. Diese Methode hat zwar den Nachteil, dass die Integration bzw. ganzheitliche Sicht, wenn überhaupt, in den Köpfen der Gesprächsteilnehmer geschieht. Doch dieser Nachteil muss in Kauf genommen werden, soll nicht methodisches Denken durch Dilettieren, Analyse durch Synkretismus ersetzt werden.

Die Auswahl der Gesprächsthemen ist entscheidend geprägt vom Wunsch, jenen Fragen nicht auszuweichen, welche aus den Erfahrungen der Gesprächsteilnehmer mit Religion und Kirche erwachsen. Bei den Themen, mit denen sich das Forum St. Stephan befasst, spielt das Bewusstsein existentieller Betroffenheit eine bewegende und motivierende Rolle. Das heißt: theologischen Denkansätzen wird in den Gesprächen ausreichend Raum gegeben, ohne dass dabei den Einzelwissenschaften auch nur im geringsten der Part einer "Dienstmagd" zugewiesen wird. Es geht ja nicht darum, Apologetik zu betreiben oder eine "christliche Wissenschaft" zu etablieren. Ziel ist vielmehr eine kritische Erhebung dessen, was einzelwissenschaftliche Erkenntnisse für den "bedenkenden" Glauben herzugeben vermögen. Das Bemühen darum gründet auf der Überzeugung, dass Erfahrungen mit Religion und Kirche in Analyse und persönliches Bewegtsein in Erklärung umgesetzt werden können.

Markus Lehner (Hg.)

Mauerblümchen

Theologie

Zur Rolle der Theologie im Wissenschaftsbetrieb

Verlagsatelier Wagner

Gedruckt mit Unterstützung des Otto-Mauer-Fonds

Titelgrafik: nach J. F. Sochurek, St. Pölten
Druck: Compact Druck, Pucking, 4053 Haid
Verlag: Verlagsatelier Wagner, Schiffbaustraße 11, A-4020 Linz

ISBN 3-9500891-6-0

Inhaltsverzeichnis

Einführung

Die Theologie – ein Mauerblümchen im modernen Wissenschaftsbetrieb? Das Bild drängt sich auf, setzt man die Studentenzahlen und Ressourcen der theologischen Fakultäten in Relation zum Gesamtbetrieb der universitären Landschaft. Doch beinhaltet die Metapher nicht über diesen quantitativen Aspekt hinaus auch eine qualitative Aussage? Ist nicht die Theologie, zu den Anfängen neuzeitlicher Wissenschaft noch die beherrschende Erscheinung im Blumenbeet der Gelehrsamkeit, durch einen fortschreitenden Relevanzverlust im heute viel bunteren und differenzierteren Feld der wissenschaftlichen Disziplinen weitgehend marginalisiert worden? Spielt sie noch eine Rolle im interdisziplinären Gespräch? Worin könnte ihr Wert als Gesprächspartnerin anderer Wissenschaften liegen?

Diese Fragen gaben den Impuls für ein Symposion zum Thema „Theologie als Wissenschaft an der Universität" im Oktober 1999 in Linz, veranstaltet vom Forum St. Stephan. In einer interdisziplinären Gesprächsrunde sollte die Rolle der Theologie im heutigen Wissenschaftsbetrieb nüchtern und ohne apologetischen Zungenschlag zur Diskussion gestellt werden.

Nur eine Theologie, die prinzipiell ihre Fehlbarkeit eingesteht, könne Relevanz im interdisziplinären Gespräch beanspruchen, meint *Volker Gadenne* vom Institut für Philosophie und Wissenschaftstheorie an der Universität Linz. Aus seiner Sicht - ausdrücklich der Sicht eines Nicht-Theologen - müsse sie darauf verzichten, Wahrheitsansprüche zu erheben, die diejenigen ihrer wissenschaftlichen Gesprächspartner übersteige. Dann jedoch könne sie wie andere Geisteswissenschaften auch eine wichtige Aufgabe erfüllen: Die so notwendige Kommunikation über weltanschauliche und ethische Fragestellungen zu fördern, die im sonstigen hochspezialisierten Wissenschaftsbetrieb zu kurz käme, ja häufig verdrängt würde, wie er am Beispiel der Forschung zum Thema Seele und Entscheidungsfreiheit aufzeigt.

"Wissenschaft kann nur gedeihen, wenn es auch die Freiheit der Forschung und damit die Möglichkeit zum Wagnis des Denkens gibt", postuliert *Heinrich Schmi*dinger vom Institut für Philosophie der Katholisch theologischen Fakultät in Salzburg. Dass die Theologie Außenseiterin im Wissenschaftsbetrieb geworden ist, sei wesentlich auf ihre Verweigerung gegenüber eben diesem Anspruch zurückzuführen. Teils selbstverschuldet, teils durch den Druck kirchlicher Autorität habe sich die Theologie der neuzeitlichen Wissenschaft entfremdet. Hoffnung für die Zukunft ortet er in der Tatsache, dass es eine theologische Motivation zur Wissenschaft und zu einem offensiven Zugang der Theologie auf andere Wissenschaften gebe. Der Schlüssel zu ihrer Zukunft liege allerdings in der bescheidenen Frage nach den Erwartungen der scientific community an die Theologie, nicht im Pochen auf die eigene Wichtigkeit.

Eine theologische Teildisziplin, die seit jeher Relevanz für die kirchliche und gesellschaftliche Praxis beansprucht, ist die Praktische Theologie. *Maria-Elisabeth Aigner* vom Institut für Pastoraltheologie und Pastoralpsychologie an der Universität Graz versteht sie als „prophetischen Stachel", der die gesamte Theologie immer wieder darauf hinweise, dass sie sich selbst als Praxisfeld und nicht nur als intellektuelle Spielwiese begreifen müsse, um gesellschaftliche Relevanz zu erlangen. Faktum sei allerdings, dass die Praktische Theologie gerade wegen ihrer engen Kooperation mit Human-, Gesellschafts-, und Sozialwissenschaften immer wieder um Anerkennung von Seiten der etablierten theologischen Disziplinen ringen müsse.

Die darauffolgenden Beiträge nehmen exemplarisch drei Schnittstellen zwischen Theologie und anderen Wissenschaften in den Blick: Welchen „Mehrwert" vermag die Theologie bei interdisziplinären Aufgabenstellungen einzubringen? Zunächst untersucht *Hermann Denz* vom Institut für Soziologie an der Universität Innsbruck, die Beziehung zwischen Soziologie und Theologie, die sich in einer langen Tradition religionssoziologischer Forschung konkretisiert. Er weist auf die ambivalente Rolle der Theologie für die empirische Forschung hin: Einerseits ist sie unabdingbar für die Entwicklung des begrifflichen Instrumentariums, andererseits behindert gerade eine auf dem christlichen Hintergrund entwickelte Begrifflichkeit den Blick für andere Strömungen in einer multireligiösen Gesellschaft. *Anton A. Bucher* vom Institut für Religionspädagogik an der Universität Salzburg beschäftigt sich mit der Bedeutung der Theologie für die Erziehungswissenschaft. Sei aus historischer Sicht durchaus ein Mutter-Tochter-Verhältnis festzustellen, so habe sich die Tochter Pädagogik nun doch weitestgehend emanzipiert. Auch im Bereich der Werterziehung, den er am bildungspolitisch heißen Eisen des schulischen Ethikunterrichtes festmacht, sei der Theologie bei realistischem Blick nur eine marginale Rolle zuzugestehen. *Günther Virt* vom Institut für Moraltheologie an der Universität Wien schildert hingegen, welch gefragte Gesprächspartner Theologen in komplexen ethischen Fragen sein können, etwa im Bereich der medizinischen Ethik. Er plädiert allerdings für eine „indirekte" Theologie, die sich bemüht, die theologischen Implikationen brisanter Fragen mit nichttheologischer Sprache und Argumentation auszudrücken.

Die Zukunftschancen der Theologie im universitären Bereich können auf Basis dieser Beiträge durchaus kontrovers eingeschätzt werden. Ein Faktum steht jedoch wohl fest: Mit ihrem Mauerblümchen-Dasein wird sich die Theologie für absehbare Zeit wohl abfinden müssen. Dies sollte jedoch kein Grund zur Resignation sein, blühen doch gerade diese oft in den kräftigsten Farben.

Markus Lehner

Volker Gadenne

Zur Rolle der Theologie in der Zeit hochspezialisierter Wissenschaften

Die Wissenschaften sind heute in einem unerhörten Maße spezialisiert. Obwohl man akademische Grade in ganzen Disziplinen wie Physik oder Psychologie erwerben kann, ist es in Wahrheit so, dass niemand den aktuellen Forschungsstand einer solchen Disziplin noch zu überblicken vermag. Nur wenige Experten kennen sich in einem kleinen, eng umgrenzten Teil eines Fachgebietes einigermaßen aus. Für Laien, selbst wenn sie eine gute Allgemeinbildung besitzen, ist es nicht möglich, bis zum aktuellen Forschungsstand eines Spezialgebietes vorzudringen. Zugleich haben die Erkenntnisse der Wissenschaften weitreichende Folgen, die das Leben aller Menschen betreffen. Hier denkt man in erster Linie an die Folgen moderner Technologie, wie etwa der Gentechnik. Aber Wissenschaft hat auch noch Folgen anderer Art, die gewöhnlich viel weniger diskutiert werden: Ihre neuen Erkenntnisse prägen das gesamte Weltbild und das menschliche Selbstverständnis. Die meisten gebildeten Menschen unserer Kultur haben sich z. B. daran gewöhnt, sich als ein Produkt der Evolution zu verstehen, also eines Prozesses, in dem zufällige Mutation und natürliche Auslese die steuernden Faktoren sind. Derzeit stehen weitere weltanschauliche Fragen auf der Tagesordnung, etwa, ob wir den menschlichen Geist als neurobiologisches System verstehen sollen, wie es viele der führenden Forscher auf diesem Gebiet vertreten.

Ich möchte nun behaupten, dass es im Zusammenhang mit solchen Prozessen, in denen die Forschungsresultate der modernen Wissenschaften das menschliche Leben und Weltbild verändern, erhebliche Kommunikationsprobleme gibt. Um diese geht es im folgenden. Worin bestehen diese Kommunikationsprobleme genau? Können die Geisteswissenschaften etwas zu ihrer Bewältigung beitragen?

Die Spezialisierung in den Wissenschaften

Wir wissen alle, was Goethe seinen Faust zu Beginn des ersten Aktes sagen lässt: Er habe Philosophie, Juristerei und Medizin studiert, und auch Theologie; letzteres bedaure er besonders. Am Ende wandte er sich der Magie zu, aber dies ist nicht unser Thema. Der wohlbekannte Text sollte nur illustrieren, dass es seit langem diese vier Fakultäten gibt. Die Universitäten, die sich aus den Kloster- und Domschulen heraus entwickelt hatten, waren bereits im 13. Jahrhundert in diese Fakultäten unterteilt. Die Studierenden wählten, nach einem Studium zur Allgemeinbildung, eine bestimmte Fakultät.[1] Manche Universitäten waren für ein bestimmtes Fach berühmt, Salerno z. B. für die Heilkunst, Bologna für die Jurisprudenz und Paris für die Theologie.

Ich habe den Faust aber noch aus einem anderen Grund zitiert: Wir sollen annehmen, dass Faust dieses ganze Wissen studiert hat und auch lehren kann. In der Tat gab es in früheren Zeiten Wissenschaftler, die einen großen Teil des Gesamtwissens ihrer Zeit überblickten und beherrschten. Gottfried Wilhelm Leibniz etwa zählt zu den großen Philosophen, erbrachte aber auch Beiträge zur Theologie, Jurisprudenz, Physik, Medizin und Geschichte. Und zusätzlich befasste er sich kompetent mit Bergbau, Politik, Gesetzgebung, mit dem Münzwesen und mit Verkehrsproblemen. René Descartes hat nicht nur die heutige Erkenntnistheorie begründet und unsere Vorstellungen von Körper und Geist entscheidend beeinflusst, sondern auch die Analytische Geometrie erfunden. Immanuel Kant lehrte zusätzlich zur Philosophie Mathematik, Physik, Theologie, Anthropologie und Geographie. Und lange vor seiner „Kritik der reinen Vernunft“ befasste er sich in einer seiner ersten Schriften mit der Entstehung des Planetensystems und des ganzen Universums, und er entwarf eine Theorie, die damals große Bedeutung erlangte.

Diese Beispiele sagen uns etwas über die Entwicklung in den Wissenschaften, über ihr Wachstum und ihre Spezialisierung. Es ist heute kaum vorstellbar, dass jemand auch nur das gesamte Wissen einer Disziplin wie Physik oder Biologie beherrschen kann. Es ist schwierig genug, auf einem einzigen Spezialgebiet kompetent zu sein. Wie eng gefasst diese Gebiete heute sind, zeigt ein Blick auf einige derzeit gerade ausgeschriebene Professuren. Es werden Professor/inn/en gesucht für „Geodätische Systemtheorie“, „Biomaterialwissenschaft“, „Neurobiologie des Auges“, „Virtuelles Studio“, „Schweinezucht“, „Electronic Commerce“.

---

[1] Vgl. zur Universität in dieser Zeit Classen, P.: Studium und Gesellschaft im Mittelalter, Stuttgart 1983.

Betrachten wir hierzu folgendes Zitat: „Die Wissenschaft [ist] in ein Stadium der Spezialisierung eingetreten, wie es früher unbekannt war, und [...] dies [wird] in alle Zukunft so bleiben [...] Nur durch strenge Spezialisierung kann der wissenschaftliche Arbeiter tatsächlich das Vollgefühl, einmal und vielleicht nie wieder im Leben, sich zu eigen machen: hier habe ich etwas geleistet, was dauern wird. Eine wirklich endgültige und tüchtige Leistung ist heute stets: eine spezialistische Leistung. Und wer also nicht die Fähigkeit besitzt, sich einmal sozusagen Scheuklappen anzuziehen und sich hineinzusteigern in die Vorstellung, dass das Schicksal seiner Seele davon abhängt: ob er diese, gerade diese Konjektur an dieser Stelle dieser Handschrift richtig macht, der bleibe der Wissenschaft nur ja fern." Diese Aussage stammt keineswegs aus den letzten Jahren, sondern von Max Weber.[2]

Thomas Kuhn beschrieb die moderne Wissenschaft in ähnlicher Weise: „Durch Konzentration der Aufmerksamkeit auf einen kleinen Bereich relativ esoterischer Probleme zwingt das Paradigma die Wissenschaftler, ein Teilgebiet der Natur mit einer Genauigkeit und bis zu einer Tiefe zu untersuchen, die sonst unvorstellbar wären."[3]

Diese Spezialisierung ist für viele erschreckend, sie ist aber eine unvermeidliche Folge des Erkenntnisfortschritts. Genauer gesagt, sie ist unvermeidlich, wenn man die Art von Wissenschaft will, die sich in der Neuzeit entwickelt hat, eine Wissenschaft, die ständig fortschreitet, die immer neue und weitere Bereiche des Universums erschließt, die ihre Gegenstände immer tiefer erforscht und immer präzisere Aussagen über sie macht. Die Menge dessen, was ein Mensch überblicken und lernen kann, ist begrenzt. Dies macht eine hochgradige Arbeitsteilung und Spezialisierung notwendig.

Kommunikationsprobleme als Folge der Spezialisierung

Die Spezialisierung bringt nun auch Probleme mit sich. Eines davon ist eine erschwerte Kommunikation, und zwar in vielerlei Hinsicht. Bereits die Spezialisten eines Faches untereinander sind davon betroffen. Es ist heute schwer, die Fülle der Literatur zum jeweils eigenen Fachgebiet zu überblicken. Hin

[2] Vgl. Weber M.: Wissenschaft als Beruf, Schriften zur Wissenschaftslehre, Stuttgart 1991 (Originalausgabe 1919), 244.

[3] Vgl. Kuhn, T.: Die Struktur wissenschaftlicher Revolutionen, Frankfurt 1967, 46.

und wieder erfahren Forscher, dass in anderen Teilen der Welt ganz Forschergruppen dasselbe Thema bearbeiten, auf das sie selbst spezialisiert sind, ohne etwas von dieser Gruppe gehört zu haben. Als Folge davon wird manches Experiment mehrfach gemacht, und manches Projekt hätte davon profitiert, dass man die Ergebnisse anderer rechtzeitig gekannt hätte. Kurz gesagt, Forschung ist umso effektiver und kostengünstiger, je koordinierter sie verläuft, und letzteres erfordert einen guten Informationsaustausch. Viele hoffen in diesem Zusammenhang auf verbesserte Informationssysteme zur Suche nach relevanten Publikationen und verwandten Projekten. In dieser Hinsicht wird es ohne Zweifel noch erhebliche Fortschritte geben.

Dabei darf man sich nicht der Illusion hingeben, dass Wissenschaft immer und vorbehaltlos auf Verbreitung ihrer Ergebnisse aus ist. Forschung verläuft in Konkurrenz untereinander, und manchmal kann man den Wettbewerb nur gewinnen, wenn die konkurrierende Gruppe nicht zu früh von den eigenen Ideen und Zwischenergebnissen erfährt.[4] Besonders in den Biowissenschaften ist dieser Konkurrenzdruck heute sehr hoch. Die Situation ist also kompliziert: Wissenschaftler versuchen, ihre Ergebnisse in der Weise und in dem Maße zu kommunizieren, in dem die Kommunikation geeignet ist, die Belohnung für die eigene Arbeit zu sichern, vor allem durch Publikation in möglichst renommierten Zeitschriften oder Verlagen.

Ein anderes Kommunikationsproblem betrifft die Verständigung zwischen Disziplinen. Viele Probleme in der heutigen Welt lassen sich nicht mit den Erkenntnissen einer Wissenschaft allein lösen. Sie haben z. B. eine technische, ökonomische und soziologische Seite. Oder sie haben eine medizinische und eine psychologische Seite, was für viele Krankheiten gilt. Zur effektiven Lösung solcher Probleme ist eine interdisziplinäre Zusammenarbeit nötig. Sie existiert auch, ist aber oft mühsam und mit Konflikten belastet. Fachdisziplinen und ihre Vertreter haben eine Tendenz, sich abzugrenzen und einen Alleinvertretungsanspruch zu erheben. Im Einzelfall kann dies z. B. dazu führen, dass eine Gruppe von Medizinern schlicht leugnet, dass psychologische Erklärungen für die von der Medizin behandelten Probleme irgendeine Rolle spielen würden. Oder es kann sein, dass die an einem Projekt beteiligten Ingenieure prinzipiell bestreiten, dass Soziologen etwas zu dem Projekt beitragen könnten. Die Grenzen universitärer Disziplinen sind aber historisch bedingt, und es wäre naiv, anzunehmen, dass sie mit den Grenzen der heute zu lösenden Probleme zusammenfallen würden.

---

[4] Vgl. Fröhlich, G.: Optimale Informationsvorenthaltung als Strategem wissenschaftlicher Kommunikation, in: H. H. Zimmermann und V. Schramm (Hg.), Knowledge Management und Kommunikationssysteme, Konstanz 1998.

Da nun die Wichtigkeit interdisziplinärer Zusammenarbeit im allgemeinen betont wird, deren Verwirklichung aber ein gewisses Maß an gutem Willen erfordert, ist es hilfreich, wenn von außen her das interdisziplinäre Gespräch forciert wird, wenn man die Beteiligten also drängt, sich zur Diskussion zusammenzusetzen und sich damit die Chance zu eröffnen, andersartige und vielleicht nutzbringende Lösungsansätze kennenzulernen. Solche Versuche zur Integration von Wissen können von verschiedenen Seiten ausgehen, selbstverständlich auch von den Geisteswissenschaften. Allerdings ist die Organisation von Interdisziplinarität keine Leistung, zu der die Kompetenz der Geisteswissenschaften speziell erforderlich wäre.

Anders verhält es sich bei dem folgenden Kommunikationsproblem, das mit der Vermittlung wissenschaftlicher Erkenntnisse und der Diskussion ihrer Folgen zu tun hat. Die Wissenschaften bieten der Allgemeinheit zum einen Hilfe bei der Lösung der praktischen Probleme des Lebens, solcher Probleme, wie sie in Technik, Wirtschaft und Rechtsprechung aufgegriffen und bearbeitet werden. Das Zweite, was die Wissenschaft bietet, ist Erkenntnis um ihrer selbst willen, Aufklärung über die Welt und uns selbst. Hierbei kann es nicht darum gehen, dass Laien alles das verstehen sollen, was Spezialisten an Details zusammentragen. Dies wäre unmöglich. Aber die wesentlichen Aussagen für unser Weltbild sollten vermittelt werden können. Manches Faktenwissen ist relativ leicht zu verstehen, z. B. was uns die vielen, beliebten Tierfilme über das Verhalten der Tiere zeigen. Sie belehren beispielsweise darüber, dass Löwen im Rudel jagen. Andere Wissensinhalte sind äußerst schwierig. Die meisten Menschen wissen heute, dass die Erde keine flache Scheibe ist, aber wie viele verstehen, was es heißt, dass sich die Himmelskörper auf ihren Bahnen bewegen, weil der Raum gekrümmt ist? In manchen Fällen ist das, was die Menschen für wissenschaftliche Erkenntnis halten, von weitreichender Bedeutung für ihr alltägliches Handeln. Dies demonstriert ein Beispiel, das mit der Gentechnik zusammenhängt. Haben die meisten Menschen unserer Kultur eine adäquate Vorstellung davon, was Gene sind, was ihre Funktion ist? Es gibt neue empirische Befunde, die dies bezweifeln lassen. In diesen Untersuchungen fand man Belege dafür, dass viele die Gene als etwas ansehen, was von Gentechnikern in Lebewesen (etwa in Tomaten) eingespritzt wird und zuvor in ihnen nicht vorhanden war. Sie sehen Gene demnach als eine Art Fremdkörper an, etwa vergleichbar mit gefährlichen Bakterien.[5] Dieser Befund impliziert natürlich nicht, dass es keine Gründe gäbe, Vorbehalte gegenüber

[5] Vgl. Wagner, W. and Kronberger, N.: Killer Tomatoes! Collective symbolic coping with biotechnology, in: Deaux, K. and Philogene, G. (Eds.), Social Representation: Introduction and Exploration, Oxford (in press).

der Gentechnik zu haben. Eine adäquate Beurteilung ihrer Gefahren setzt aber voraus, dass man eine zutreffende Vorstellung hat, um was es sich dabei handelt.

Wenn es nun gelingt, wissenschaftliche Erkenntnisse in ihren Grundzügen richtig zu vermitteln, so kommt es zu einem wichtigen Folgeprozess: Manche dieser Erkenntnisse geraten in Konflikt mit dem, was die so belehrten Menschen vorher geglaubt haben. Und einiges von dem, was sie vorher geglaubt haben, hängt zusammen mit ihrem Bild von der Welt als Ganzem und der Rolle, die sie als Mensch darin spielen. Hierzu gehören etwa die Antworten auf die folgenden Fragen: Gibt es zusätzlich zum Körper eine Seele? Vermögen wir frei zu handeln, oder sind Handlungen, Entscheidungen und Gedanken durch Ursachen und Naturgesetze determiniert? Endet die Existenz eines Menschen mit dem körperlichen Tod? Hat die Welt und das Leben einen Sinn, der über die persönlichen Ziele der Menschen und ihr individuelles Glück hinausgeht? — Ich möchte behaupten, dass sich die meisten Menschen in unserem Kulturkreis irgendwann in ihrem Leben Fragen dieser Art stellen, auch wenn sie vielleicht nicht die hier gewählte Formulierung verwenden. Antworten darauf gibt unter anderem die Religion. Antworten erhält man auch aus dem Bereich, der heute als „Esoterik“ bezeichnet wird. Was geschieht, wenn wissenschaftliche Aufklärung mit solchen Fragen und den traditionellen Antworten darauf zusammentrifft? Untersuchen wir das Problem anhand der ersten beiden genannten Fragen. Diese werden heute in einen engen Zusammenhang mit wissenschaftlichen Erkenntnissen gebracht.

Grenzen der Naturwissenschaft

Was die erste Frage betrifft, die Frage nach der Existenz einer Seele, so besteht unter den Experten, die sich mit dem Leib-Seele-Problem befassen, ein weitgehender Konsens darüber, dass ein Substanz-Dualismus bezüglich Körper und Seele unhaltbar ist — und dies impliziert eine negative Antwort auf die Frage, denn natürlich ist darin eine Seele gemeint, die unabhängig von der Körpersubstanz existieren kann. Über die verbleibenden Auffassungen gibt es zahlreiche Kontroversen: Identitätstheorie, funktionaler Materialismus, eliminativer Materialismus, nichtreduktiver Monismus — sie alle haben gewisse Stärken und Schwächen, aber sie gelten in Fachkreisen immerhin alle als diskussionswürdige Theorien, als Entwürfe, die mit wissenschaftlicher Rationalität vereinbar sind. Ein Substanz-Dualismus, wie ihn Descartes vertreten konnte, gilt jedoch heute in vielen Kreisen nicht mehr als eine wissenschaftlich diskussionswürdige Auffassung, sondern als ein Aberglaube, der entweder mangelnder Aufklärung, oder aber irrationalen, im Religiösen verwurzelten Motiven entspringen muss. Bekannte Philosophen wie Mario Bunge[6] und Paul Churchland[7] sprechen offen ihre Geringschätzung gegenüber dem Dualismus aus. Und auch ein gemäßigter, wenig polemischer Theoretiker wie J. Kim beginnt immerhin sein Standardwerk zur Philosophie des Geistes mit dem „Anti-Cartesischen Prinzip", das den Dualismus aus der weiteren Betrachtung ausschließt.[8]

Betrachten wir die zweite Frage, die Frage nach der Freiheit des Handelns: Mit dem Erkenntnisfortschritt in den Neurowissenschaften steigt die Zahl der Wissenschaftler, die bereit sind, menschliches Handeln als kausal determiniert anzusehen. Jede Körperbewegung beruht auf der Aktivität von Muskeln, und diese wird durch motorische Nervenzellen gesteuert. Nervenzellen (Neuronen) wiederum werden ausschließlich durch andere Nervenzellen oder (im Falle der Sinneszellen) durch physikalische Reize aktiviert. Die Aktionspotentiale der Neuronen sind elektrochemische Prozesse. All dies ist ein rein kausales Geschehen. Freilich sind an dem Gesamtgeschehen Milliarden von Neuronen beteiligt, so dass es praktisch unmöglich ist, exakt zu berechnen, zu welchem Ergebnis es kommt, selbst wenn man die Ausgangszustände all dieser Neuronen kennen würde. Kleinste Unterschiede in den Ausgangsbedingungen können große Unterschiede im Ergebnis haben — man hat es mit chaotischen Prozessen zu tun. Aber für die Idee einer freien Entscheidung oder Handlung scheint diese Sichtweise dennoch keinen Raum zu lassen, jedenfalls dann nicht, wenn man Freiheit so versteht, dass sie kausale Determination ausschließt, sogar Determination im Sinne probabilistischer Gesetze.

Es gibt konkrete Befunde aus der Neurowissenschaft, die von vielen als Stütze für den Determinismus angesehen werden. Seit längerer Zeit ist bekannt, dass willkürlich ausgeführte Bewegungen, etwa bestimmte Hand- oder Fußbewegungen, mit charakteristischen Gehirnwellen (ermittelt mit dem Elektroencephalogramm) in der Großhirnrinde (in den supplementären motorischen Arealen) einhergehen. Man bezeichnet diese Gehirnwellen als „Bereitschaftspotential". Wann genau tritt das Bereitschaftspotential auf? Hierzu gibt es eine wichtige Untersuchung von Libet (1985): Die Versuchspersonen wurden dazu aufgefordert, sich anhand eines laufenden Uhrzeigers zu merken, wann sie bewusst die Entscheidung fällten, eine bestimmte, vereinbarte Bewegung aus-

---

[6] Vgl. Bunge, M.: Das Leib-Seele-Problem, Tübingen 1984.
[7] Vgl. Churchland, P. M.: Matter and Consciousness, Cambridge (Mass.) 1984.
[8] Vgl. Kim, J.: Philosophie des Geistes, Wien 1998.

zuführen, z. B. ein Beugen des rechten Zeigefingers. Auf der Uhr ist ein rotierender Punkt zu sehen, der für eine Umdrehung 2,56 Sekunden braucht. Die Versuchspersonen gaben an, wo der Zeiger stand, als sie den Entschluss für die Bewegung fassten. Es stellte sich heraus, dass der exakte Beginn des Bereitschaftspotentials vor diesem, von den Versuchspersonen genannten Zeitpunkt des Entschlusses lag, etwa 350 Millisekunden davor. Viele Neurowissenschaftler interpretieren dieses Resultat so: Die vermeintlich freie Entscheidung der Versuchsperson, die Bewegung auszuführen, ist in Wirklichkeit schon determiniert durch einen Gehirnvorgang, von dem sie nichts weiß.

Nimmt man als interessierter Laie zur Kenntnis, was soeben dargestellt wurde, so muss man den zwingenden Eindruck gewinnen, dass die angesprochenen Fragen mittlerweile durch die Wissenschaften beantwortet wurden: Erstens gibt es keine Seele zusätzlich zum Körper mit seinem Gehirn. Zweitens ist es höchstwahrscheinlich so, dass unsere vermeintlich freien Handlungen bereits durch nicht bewusste Gehirnvorgänge determiniert sind, bevor wir sie bewusst zu beschließen glauben.

Aber diese Sicht ist in Wirklichkeit völlig unbegründet. Sie gibt ein einseitiges, stark verzerrtes Bild von den Erkenntnissen, über die die Neurowissenschaft und die mit ihr verbundene Philosophie tatsächlich verfügen. Zum einen gibt es keine schwerwiegenden Argumente gegen einen Substanz-Dualismus.[9] Es ist lediglich so, dass weder die Psychologie noch die Neurowissenschaften mit der Annahme einer substanziellen Seele viel anfangen können. In den bisher erarbeiteten und empirisch bestätigten Theorien dieser Wissenschaften kommt eine Seele nicht vor. Es gibt zusätzlich Argumente, wonach die Annahme einer Wechselwirkung zwischen Körper und Seele bestimmte, grundlegende physikalische Gesetze verletzen würde. Aber dies gilt nur, wenn man die Zusatzannahme macht, dass ein Einfluss stets eine Übertragung physikalischer Energie erfordert, und diese Annahme lässt sich aus der Physik selbst nicht ableiten. Auf der anderen Seite liefern die Wissenschaften auch keine Belege für die Annahme einer substanziellen Seele. Es wäre nur völlig verfehlt, zu behaupten, dass diese Annahme unwissenschaftlich oder durch den aktuellen Erkenntnisstand der Wissenschaften widerlegt sei. Sie passt nur nicht recht zum Denken in diesen Wissenschaften, sie fügt sich nicht nahtlos in dieses Denken ein. Das ist alles.

Was die Frage des Determinismus angeht, so sagen die Befunde von Libet in Wirklichkeit sehr wenig aus. Eine Bewegung wie ein Beugen eines Zeigefin-

[9] Vgl. Yandell, K. E.: Philosophy of Religion, London 1999, 262.

gers ist wenig repräsentativ für eine bewusste, gut überlegte Entscheidung. Und wer das Experiment als Versuchsperson macht, wird feststellen, dass es äußerst schwierig ist, einen exakten Zeitpunkt für den Entschluss zur Bewegung anzugeben. Man macht dann doch eine Zeitangabe anhand der Uhr mit dem schnell rotierenden Zeiger, weil es zur Aufgabe gehört, aber es ist keineswegs klar, was diese Angabe eigentlich bedeutet.

Was anhand dieser Beispiele aufgezeigt werden soll, ist dies: Die Neurowissenschaft hat eine Fülle von beeindruckenden Entdeckungen vorzuweisen. Diese Entdeckungen werden, teils von Neurowissenschaftlern selbst, teils von Philosophen dazu verwendet, um Fragen zu beantworten, die wie die genannten Fragen weltanschaulicher Natur sind und das menschliche Selbstverständnis entscheidend prägen. Irgendwie wird nun von den neurowissenschaftlichen Befunden wie selbstverständlich zu den Folgerungen über das Menschenbild übergegangen, so als ob die Fragen, die letzteres betreffen, ebenfalls in die Zuständigkeit der Neurowissenschaften allein fallen würden. Die Bereitschaft, solche Fragen der Neurowissenschaft allein zu überantworten, geht heute sehr weit. In zahllosen populärwissenschaftlichen Schriften, und bereits auch in vielen illustrierten Zeitschriften kann man lesen, Gehirnforscher würden mit speziellen Apparaten (z. B. Positronen-Emmissions-Tomographie) einen direkten Einblick in die Tätigkeit des menschlichen Geistes vornehmen. Zur Illustration werden bunte Bilder von Gehirnen gezeigt, auf denen verschiedene Regionen des Gehirns in unterschiedlichen Farben markiert sind. Weiterhin wird oft verkündet, die neurobiologische Forschung stünde kurz davor, das Rätsel des Bewusstseins zu lösen. Wie viele Leser sind dazu in der Lage, wirklich zu verstehen und zu beurteilen, was mit diesen Apparaten gemacht wird und welche Art von Informationen sie liefern? Wer sich etwas eingehender damit beschäftigt hat, kann sich des Eindrucks nicht erwehren, dass auf diesem Gebiet vielfach ein Wissensstand vorgetäuscht wird, der den tatsächlichen weit übertrifft, um auf diese Weise Faszination zu erzeugen.[10]

Mit Verfahren wie der Positronen-Emmissions-Tomographie kann man ermitteln, wo im Gehirn gerade eine erhöhte Aktivität stattfindet, etwa in der visuellen Großhirnrinde oder dort, von wo Sprachproduktion ausgeht. Für die Medizin sind diese Informationen sehr nützlich, sie sagen aber nichts darüber, ob und wie das Gehirn solche Leistungen zustande bringt wie das Verstehen von Sprache oder das Erzeugen von Einfällen beim Problemlösen. Und es ist nach wie vor rätselhaft, warum die Aktivität von Milliarden von Nervenzellen über-

[10] Vgl. zum Zusammenhang zwischen Gehirn und Bewusstsein Gadenne, V.: Bewusstsein, Kognition und Gehirn: Einführung in die Psychologie des Bewusstseins, Bern 1996.

haupt mit einem subjektiven Erleben einhergeht. Weder an den Nervenzellen selbst noch an größeren Strukturen des Gehirns kann man irgendwelche Eigenschaften feststellen, die darauf schließen ließen, dass das Subjekt, dessen Körper Träger dieses Gehirns ist, Gedanken, Gefühle und ein Selbstbewusstsein hat. Angesichts dieser Situation zu verkünden, die Wissenschaft würde gerade das Rätsel des Bewusstseins lösen, zeugt von großer Unkenntnis der Problemsituation oder muss als absichtliche Verfälschung des Erkenntnisstandes angesehen werden. Es gibt heute eine große Menge an Literatur zum Thema „Gehirn und Geist", darunter zahllose Werke mit ausgezeichneten Illustrationen, die das Fachwissen für interessierte Laien aufbereiten. Der größte Teil dieser populärwissenschaftlichen Literatur vermittelt aber ein einseitiges, verzerrtes Bild über Geist und Bewusstsein. Und dies ist ein Beispiel für Kommunikationsprobleme im Zusammenhang mit den faszinierenden Entdeckungen der Naturwissenschaften.

Eine Aufgabe für die Geisteswissenschaften

Es ist eine wichtige Aufgabe der Geisteswissenschaften, die Ergebnisse der Naturwissenschaften, in diesem Falle der Neurowissenschaft, daraufhin zu prüfen, was sie für das menschliche Selbstverständnis bedeuten.[11] Es wäre ein fataler Irrtum, zu meinen, dass die Naturwissenschaften dies allein tun könnten und sollten. Es handelt sich um eine Aufgabe, die idealerweise in Form einer interdisziplinären Zusammenarbeit angegangen wird. Die Zielsetzung dabei ist es, zu klären, was aus den wissenschaftlich gesicherten Annahmen tatsächlich folgt. Es ist nicht damit zu rechnen, dass sich mit Hilfe empirisch-wissenschaftlicher Entdeckungen bestimmte weltanschauliche Annahmen beweisen und andere als eindeutig falsch erweisen lassen. Es kann aber gelingen, bestimmte weltanschauliche Annahmen zu stützen und andere eher zu entkräften. Eine solche, kompetent und unvoreingenommen geführte Diskussion gibt es heute noch relativ selten.

Es liegt im übrigen auf der Hand, was geschieht, wenn weltanschauliche Fragen nur geringschätzig abgetan und als im Rahmen einer modernen, naturalistischen Weltsicht nicht mehr zeitgemäß erklärt werden. Die Menschen wenden sich dann anderen Institutionen zu, die sie mit einem reichhaltigen Angebot bedienen. Ich denke hier an die Fülle an esoterischer Literatur und an die

[11] Wenn ich von den „Geisteswissenschaften" spreche, so ist die Theologie mit gemeint, wobei hier in erster Linie die Kompetenz im philosophischen, historischen oder hermeneutischen Denken relevant ist.

zahlreichen, selbsternannten Experten in Bezug auf Spiritualität und Übersinnliches. Es wäre völlig falsch, anzunehmen, dass das Bedürfnis nach weltanschaulicher Fundierung des eigenen Lebens mit dem imponierenden Fortschritt der Naturwissenschaften einfach verschwunden oder wesentlich zurückgegangen wäre. Wenn sich die Wissenschaften solcher Fragen nicht (interdisziplinär) annehmen, oder wenn sie von ihren Befunden aus ungerechtfertigte, ungenügend reflektierte Urteile über solche Fragen vornehmen, werden viele Menschen eine zufriedenstellendere Quelle etwa in New-Age-Konzeptionen erblicken.

Anlass zu interdisziplinären Gesprächen gibt es in Bezug auf viele weitere Fragen. Besonders ethische Probleme, die sich aus der Anwendung von Wissenschaft ergeben, werden derzeit diskutiert. Gerade deshalb habe ich hier Fragen der Interpretation wissenschaftlicher Erkenntnisse in den Vordergrund gestellt, die vergleichsweise wenig Aufmerksamkeit erfahren. Nun soll aber das Thema der angewandten Ethik zumindest anhand eine Beispiels kurz gestreift werden. Ein Thema, das die Theologie besonders angeht, und wo sie auch direkt angesprochen wird, ist das Klonen von Menschen. Ein Klon ist bekanntlich ein auf künstlichem Wege geschaffenes Lebewesen mit dem gleichen Erbgut wie das Original, genetisch also eine Kopie. Die Gentechnik wird wahrscheinlich irgendwann dazu in der Lage sein, auch Menschen klonen zu können, und diese Möglichkeit ist für Wissenschaftler ungeheuer faszinierend. Einer der führenden Genforscher, Richard Dawkins, hat geäußert: „Für mich wäre es ein faszinierender Gedanke, eine kleine Kopie meiner selbst, fünfzig Jahre jünger, beobachten zu können.“[12] Dawkins gehört, ebenso wie Francis Crick und der Philosoph Quine der „International Academy of Humanists“ an, die dazu erklärt hat, dass es eine Tragödie wäre, wenn „verstaubte theologische Skrupel“ zu einem fortschrittsfeindlichen Verbot des Klonens führen würden.[13]

Einen ersten Eindruck von dieser Kontroverse kann man gewinnen, indem man einige der häufig zu hörenden Argumente betrachtet, die von beiden Seiten vorgebracht werden. Von den Gegnern des Klonens etwa: Man würde Klone möglicherweise als Organlager betrachten. Die Befürworter halten es dagegen für keineswegs plausibel, dass es zu einer solchen Sichtweise und Praxis kommen wird. — Die Gegner verweisen darauf, dass beim Klonen mit Fehlschlägen an menschlichen Embryonen zu rechnen ist. Die Befürworter dagegen: Embryonen seien noch nicht als Personen mit Rechten zu betrachten.

---

[12] Die Aussage von Dawkins wird zitiert in Kolata, G.: Das geklonte Leben: Ein Jahrhundert-Experiment verändert die Zukunft des Menschen, München 1997, 289 f.

[13] Vgl. dazu Kolata 1997, 287-290.

Außerdem sei Klonen insofern genetisch sicherer als sexuelle Fortpflanzung, als es die häufigste Form des Geburtsschadens ausschließe: die falsche Chromosomenzahl.— Die Gegner: Klone hätten eine niedrigere Lebenserwartung. Und sie müssten sich selbst als Menschen zweiter Klasse ansehen. Die Befürworter: Sie hätten allen Grund, sich als Auserwählte in einem positiven Sinne zu betrachten.

Es ist hier nicht unser Ziel, diese Probleme zu lösen, sondern allgemein über mögliche Aufgaben der Geisteswissenschaften zu sprechen. Es ist offensichtlich, dass die Theologie zu solchen Fragen Stellung nehmen muss. Und zwar ist es hier die Dimension des moralischen Bewertens, die mit der wertfreien, empirisch-wissenschaftlichen Erkenntnisweise zu verbinden ist. Im Zusammenhang mit den zuerst behandelten Fragen war das Element, das von den Geisteswissenschaften beigesteuert werden kann, die umsichtige Interpretation der naturwissenschaftlichen (hier neurowissenschaftlichen) Befunde, die Diskussion dieser Befunde mit dem Ziel, zu alten metaphysischen Fragen eventuell neue Argumente zu gewinnen, die bestimmte Antworten stützen und andere eher entkräften können. Im Falle der angewandten Ethik ist die Verantwortung der Geisteswissenschaften darin zu sehen, zu einer Ausarbeitung der moralisch relevanten Folgerungen und einer kritischen Diskussion der Anwendungen wissenschaftlicher Erkenntnisse aufzurufen. Auch hier ist eine interdisziplinäre Zugangsweise erforderlich.

Ich habe von einer „kritischen Diskussion“ gesprochen, und dies ist ein wichtiger Punkt im Zusammenhang mit dem Thema dieses Vortrags. Wir sind es gewöhnt, dass sich die Vertreter der christlichen Kirchen zu vielen moralischen Fragen äußern, aber dann handelt es sich in der Regel nicht um eine rationale Analyse und einen wissenschaftlichen Beitrag, sondern um Appelle, die aus einem als selbstverständlich vorausgesetzten Glauben heraus vorgenommen werden. Solche Äußerungen sind natürlich nicht gemeint, wenn hier vom potentiellen Beitrag der Theologie zu aktuellen Fragen die Rede ist. An diesem Punkt wird man unvermeidlich aufmerksam auf das Spannungsverhältnis, das zwischen rationaler Wissenschaft und Philosophie einerseits und Religion, Kirche und Theologie andererseits besteht. Dieses Spannungsverhältnis hat eine lange Geschichte, und es erschwert die Möglichkeit eines Diskurses zwischen der Theologie und den anderen Wissenschaften. Unter welchen Bedingungen ist ein solcher Diskurs möglich, unter welchen Bedingungen wird er sehr schwierig sein?

Zum Verhältnis der Theologie zu den anderen Wissenschaften

Die Wissenschaften haben sich im Verlauf ihrer Geschichte von der Theologie befreit, die im Mittelalter an ihrer Spitze stand und so etwas wie ein gemeinsames Dach bildete. Betrachten wir das Verhältnis der Theologie zu den anderen Wissenschaften genauer, wobei es ganz um die wissenschaftstheoretischen Aspekte gehen soll und die Beziehungen zwischen den existierenden Institutionen hier außer Acht gelassen werden. Die Theologie arbeitet mit historischen, hermeneutischen und philosophischen Methoden und hat insofern etwas mit den anderen Wissenschaften gemeinsam. Der Hauptgegenstand der Theologie ist aber der Glaubensgehalt einer bestimmten Religion (oder mehrerer Religionen), und sie geht dabei von der Wahrheit eines bestimmten religiösen Glaubens aus. Darin unterscheidet sie sich von den anderen Wissenschaften, in denen Wahrheiten, die auf göttlicher Offenbarung beruhen, keine Rolle spielen dürfen. Deren Erkenntnisquellen sind entweder rein formaler Natur, was für Logik und Mathematik gilt, oder sie sind empirischer Natur, d. h. die Ergebnisse empirischer Untersuchungen werden dazu verwendet, Theorien zu entwickeln, zu prüfen und zu korrigieren. Dabei wird heute durchweg von der grundsätzlichen Fehlbarkeit der menschlichen Erkenntnisbemühungen ausgegangen: Es gibt einen Erkenntnisfortschritt, es gibt eine Menge an hochbewährten wissenschaftlichen Theorien, aber es ist dennoch nicht möglich, absolute Gewissheit über die anerkannten wissenschaftlichen Theorien zu erreichen.

Auf die Gefahr hin, eine sehr schwierige Unterscheidung vorzuschlagen, möchte ich einmal trennen zwischen demjenigen Teil der Theologie, der auf rein wissenschaftlichen Erkenntnismethoden beruht, und demjenigen Teil, für den dies nicht gilt. Zum ersten Bereich gehören etwa die Erforschung der Geschichte des Christentums mit rein historischen Methoden (d. h. ohne die Voraussetzung, dass die christliche Botschaft wahr ist); hierzu gehört weiterhin eine rationale Diskussion von Gottesbeweisen (ohne die Voraussetzung des Glaubens an die Existenz Gottes) sowie eine Analyse der verschiedenen Formen religiöser Erfahrung (unter erkenntnistheoretischem Gesichtspunkt und mit der prinzipiellen Bereitschaft zu der Annahme, dass es sich dabei um Illusionen handelt). Es ist selbstverständlich, dass in diesem Bereich alle Erkenntnisversuche grundsätzlich fehlbar sind, wie in allen Wissenschaften. Ich bezeichne dies einmal als den rein rationalen Anteil der Theologie. Der andere Teil umfasst alle Aktivitäten, die nicht denkbar wären oder die keinen Sinn machen würden, wenn der Glaubensgehalt der Religion nicht mehr als gesichert vorausgesetzt werden kann. Auch zählen hierzu alle Aussagen und Argumente, in denen sich die Theologie an die Lehre einer Kirche zwingend gebunden fühlt oder eventuell die Unfehlbarkeit bestimmter kirchlicher Lehren anerkennen muss.

Theologen werden möglicherweise einwenden, dass es nicht möglich ist, diese Trennung vorzunehmen. Ich möchte dennoch vorschlagen, dies versuchsweise, als grobe Idealisierung einmal zu tun, um damit folgende Überlegung anzustellen: Ein Diskurs zwischen der Theologie und den anderen Wissenschaften ist umso eher möglich, je stärker sich die Theologie hierbei von der zuerst genannten, rein rationalen Seite zeigt und je mehr sie in diesem Diskurs alles auszuklammern bereit ist, was den rational nicht erfassbaren Glauben oder die Autorität der Kirche involviert.

Wenn es speziell um die interdisziplinäre Auseinandersetzung mit weltanschaulichen und ethischen Fragen geht, so ergibt sich daraus: Die Theologie kann als Geisteswissenschaft, die sich philosophischer, historischer und hermeneutischer Methoden bedient, einen Beitrag zu wichtigen Fragen leisten, indem sie interdisziplinäre Gespräche initiiert und sich daran beteiligt. Es muss aber davon ausgegangen werden, dass in solchen Gesprächen nur die rationale Argumentation eine Rolle spielen kann (wobei zu betonen ist, dass, entgegen dem positivistischen Standpunkt, eine rationale Diskussion metaphysischer und ethischer Fragen sehr wohl möglich ist), und dies setzt unter anderem voraus, dass die Theologie im Rahmen solcher Gespräche völlig darauf verzichtet, Wahrheits- und Erkenntnisansprüche zu erheben, die diejenigen der anderen, fehlbaren Wissenschaften übersteigen.

Heinrich Schmidinger

Von der „Mutter der Wissenschaften" zur Außenseiterin?

Nach meiner Einschätzung ist die Frage, die ich in diesem Vortrag beantworten soll, mit Ja zu beantworten: Ja, die Theologie,[1] einst die "mater scientiarum", ist an den Universitäten, aber nicht nur an diesen, sondern im ganzen Wissenschaftsbetrieb unserer Zeit und unserer Kultur zur Außenseiterin geworden. Wer das nicht sieht, macht sich meines Erachtens etwas vor. Und wer das Gegenteil behauptet, hat zu entkräften, was nicht mehr von der Hand zu weisen ist. Nämlich: Die Theologie ist an unseren Universitäten bereits als Institution keine Größe von ausschlaggebender Bedeutung mehr. Die Theologischen Fakultäten sind gemessen an den meisten anderen Fakultäten Kleinsteinrichtungen geworden. Symptomatisch dafür ist bekanntlich der Hörer- und Hörerinnenschwund, der voranschreitet, auch wenn er da und dort vielleicht einmal unterbrochen wird. Völlig zu Recht sind daher Überlegungen angestellt worden, Theologische Fakultäten zusammenzulegen. Aber selbst wenn man Theologische Fakultäten an wenigen Standorten fusionieren würde, blieben sie an den heutigen Universitäten immer noch Kleinsteinrichtungen. Kein Wunder, dass in der ganzen Auseinandersetzung um die Zukunft der Universitäten und Bildungseinrichtungen, wie sie in der Fachliteratur, aber auch in den kulturell führenden Zeitungen und Periodika geführt wird, von der Theologie so gut wie überhaupt keine Rede mehr ist. Diese Größe scheint man ohne weiteres vernachlässigen zu können.

Darin spiegelt sich freilich nicht bloß eine Entwicklung auf institutioneller und organisatorischer Ebene wider. Allein die Tatsache, dass zu interdisziplinären Tagungen Theologinnen und Theologen kaum mehr eingeladen oder zu fachübergreifenden wissenschaftlichen Gremien immer seltener dazugebeten werden, zeigt, dass man an sie nicht mehr denkt, von ihnen nicht viel erwartet und mit ihnen im Grunde immer weniger zu tun hat. Natürlich gibt es Ausnahmen: Einzelnen Theologinnen und Theologen gelingt sicherlich immer noch der Kontakt zu den Kolleginnen und Kollegen anderer Fakultäten, damit auch das interdisziplinäre Gespräch, das sich hin und wieder sogar in Form von gemeinsamen Publikationen, Lehrveranstaltungen, Tagungen, Projekten oder For-

[1] Aufgrund der vorgegebenen Kürze ist im Folgenden ausschließlich von der katholischen Theologie sowie von den Katholisch-Theologischen Fakultäten die Rede.

schungsinitiativen manifestiert. Es kann auch nicht bestritten werden, dass es Problembereiche gibt, bei denen der Rat der Theologie mehr erwartet wird als in anderen. Man denke etwa an den ganzen Komplex der ethischen Fragen. Schließlich wird niemand der Theologie eine gewisse Stammkompetenz in Fächern wie Bibelwissenschaften, Dogmatik, Moraltheologie, Kirchenrecht, Kirchengeschichte usw. absprechen. Da kann es dann auch durchaus vorkommen, dass die Theologie von anderen Fächern angefragt wird. Dies alles ändert meiner Ansicht nach aber kaum etwas daran, dass die Theologie als Ganze im wissenschaftlichen und organisatorischen Szenario der heutigen Universitäten im Eck steht, eben eine Außenseiterin geworden ist.

Wenn ich mich jetzt frage, wie es zu dieser Situation gekommen ist, so tue ich dies nicht allein in der Absicht einer geschichtlichen Ursachenforschung um ihrer selbst willen, sondern mit dem Ziel, mögliche Wege zu finden, die zwar die Theologie nicht mehr in ihre alte Rolle als „Mutter der Wissenschaften“ einsetzen können, die aber doch dazu führen, dass Theologie wieder ernster genommen wird und letztlich auch wieder gefragter ist.

Begonnen hat alles damit, dass sich die einzelnen Wissenschaften aus der Theologie heraus ausdifferenzierten. Insofern wird man sie wohl zu recht als „mater scientiarum“ bezeichnen dürfen. Konkret setzte dieser Ausdifferenzierungsprozess knapp nach der ersten nachchristlichen Jahrtausendwende in den französischen Kloster- und Domschulen ein. Der erste Schritt bestand in der Unterscheidung von Theologie und Philosophie. Diese Unterscheidung war als Gegensatz von Glauben und Wissen zwar schon den Kirchenvätern bekannt gewesen, er hatte bis dahin aber noch keine methodologische Relevanz gehabt. Deshalb gab es auch noch kein eigenes Wort für Theologie. Diese gehörte zur "philosophia" bzw. zur "philosophia christiana" wie die Philosophie im engeren Sinne. Jetzt erst, im 11./12. Jahrhundert, unterschied man einen philosophischen und einen theologischen Weg zu Gott. Die Unterscheidungsmerkmale ergaben sich aus den verschiedenen Prinzipien, die mit jedem Weg verbunden waren. So entstanden erst Theologie und Philosophie als jene Wissenschaften, wie wir sie bis heute kennen.

Aus der Philosophie heraus entwickelte sich schon im späteren Mittelalter die Naturwissenschaft, wobei diese sich zunächst noch auf die Astronomie und Kosmologie beschränkte. Und so ging es über die Ausdifferenzierung der naturwissenschaftlichen Fächer weiter, bis im 19. und 20. Jahrhundert auch noch die Geisteswissenschaften und andere Wissenschaften hinzukamen und der ganze Prozess geradezu explodierte, so dass die Differenzierung zum konstituierenden Element der Definition von Wissenschaft überhaupt wurde. In diesem Zusammenhang ist zusätzlich festzuhalten, dass jedenfalls in der ersten

Phase dieser Entwicklung, bis an die Schwelle der Aufklärung, der ganze Ausdifferenzierungsprozess *theologisch* motiviert war. Jeder neue wissenschaftliche Weg - jede neue wissenschaftliche Methode - stellte einen Weg zu Gott dar, half er doch das Buch der Natur zu entziffern, das Gott genauso selbst geschrieben hat wie jenes Buch, das der Theologie vorbehalten blieb, das Buch der Offenbarung, die Bibel. Die Lektüren der beiden Bücher bedingten und förderten einander in der Erreichung des gemeinsamen Zieles, nämlich Gott in seinen Taten und Werken zu erkennen. Mir ist kein naturwissenschaftlicher Autor von Rang bekannt, der nicht wenigstens bis zur Zeit Newtons dieser Überzeugung und dieser Intention war.

Wie konnte es nun aber dazu kommen, dass man sich das heute nicht einmal mehr vorstellen kann? Wie war es möglich, dass sich die Verhältnisse genau ins Gegenteil verkehrten? Wie ist aus der „mater scientiarum" eine Außenseiterin auf dem Forum der Wissenschaften geworden? Die Ursachen dafür sind zahlreich. Sie liegen sowohl in der allgemeinen geistig-kulturellen Entwicklung Europas und der westlichen Hemisphäre als auch in der Theologie bzw. in dem, was die Theologie trägt, nämlich in der Kirche. Zu berücksichtigen wären natürlich auch die gesellschaftlich-politischen Veränderungen, im Zuge derer die Theologie über die gesellschaftliche und institutionelle Größe „Kirche" ebenfalls aus dem Zentrum an den Rand gedrängt wurde.

Geistig-kulturelle Faktoren

Um zuerst *die allgemeinen geistig-kulturellen Faktoren* zu betrachten, knüpfe ich wieder an die Metapher vom „Buch der Natur" an, welches neben dem „Buch der Offenbarung" steht, sich mit diesem wechselseitig interpretiert und gemeinsam mit ihm den Autor beider Bücher, Gott, verkündet. An ihr lässt sich meines Erachtens leicht und rasch erklären, was geschehen ist. Ganz offensichtlich gelang die gemeinsame und wechselseitige Lektüre der beiden Bücher immer weniger und irgendwann überhaupt nicht mehr. Die Schwierigkeiten stellten sich von beiden Seiten her ein. Was zuerst die Theologie, die Leserin der Bibel, anbelangt, so musste sie im Grunde schon in der Reformationszeit, bewusst und ausdrücklich aber erst in der Aufklärungszeit, als die Erkenntnisse der Exegese nicht mehr aufzuhalten waren, die Erfahrung machen, dass der ihr zustehende Text nicht eindeutig ist und folglich auch nicht eindeutig ausgelegt werden kann. Die Lektüre der Bibel wurde – zumindest wo sie nach wissenschaftlichen Kriterien verlief – schwieriger, vielfältiger und offener. Nicht weniger kompliziert wurde es auf Seiten der Naturwissenschaften und der Philosophie. Hier kam es vor allem zu einer Pluralisierung der

Methoden. Mit jeder Methode wandelte sich die Lektüre und mit jeder Lektüre wuchs das Wissen um das sogenannte Buch der Natur. Dies allein wäre noch kein Schaden gewesen, doch der Wachstumsprozess führte nicht allein ins immer genauere, klarere und umfassendere Wissen, sondern gleichzeitig in die Unübersichtlichkeit, in die Auflösung der großen Zusammenhänge sowie in die Partialisierung und Fragmentarisierung des Wissens.

Kein Wunder, dass sich die beiden Lektüren immer schwerer taten, einander zu ergänzen oder gar zur Deckung zu gelangen. Je mehr die geschilderte Entwicklung voranschritt, umso tiefer musste die Kluft zwischen ihnen werden. Es brauchte nur noch hinzuzukommen, dass man das Auseinanderwachsen der beiden Lektüren zwar spürte, es aber nicht wirklich anerkannte, sondern verdrängte bzw. dazu überging, die jeweils andere Lektüre zu vernachlässigen oder gar auszuschließen, ja zu verdammen. Damit war die weitgehende Entfremdung unvermeidlich. Zwangsläufig musste die Situation eintreten, in der man sich nicht mehr verstand. Gewiss, diese Entwicklung ist nicht nur auf Versäumnisse, Fehleinschätzungen oder geistige Borniertheit der Lesenden auf beiden Seiten zurückzuführen, die Schwierigkeiten der beiden Lektüren hätten sich in jedem Fall ergeben. Was jedoch möglich gewesen wäre, war das Bemühen um die eine oder andere Vermittlung zwischen den beiden Lektüren. Dieses kam jedoch selten und nur im Ausnahmefall zustande. So bahnte sich seinen Weg, was Henri de Lubac die eigentliche Tragödie der christlichen Zivilisation der Neuzeit genannt hat: der Abbruch des Dialogs zwischen Theologie / Kirche einerseits und Philosophie / moderner Wissenschaft andererseits. An den Folgen dieser Tragödie trägt die Theologie bis heute. Sie scheint mir die tiefste Ursache für den Absturz in die Bedeutungslosigkeit derselben auf dem Forum der Wissenschaften zu sein.

Die Sprachverwirrung ist aber nur ein Aspekt der Tragödie. Es kommt noch ein weiterer hinzu, der die Theologie nicht weniger in die Defensive gedrängt hat und nach wie vor drängt. Mit der Vervielfältigung der Lektüren der beiden Bücher musste sich nämlich früher oder später die Frage nach dem Autor stellen. War dieser Autor wirklich der eine und alleinige Gott, wie das christliche Europa bis tief ins 18. Jahrhundert hinein relativ fraglos annahm? Oder gab es am Ende gar keinen Autor, sondern lediglich menschliche Lektüremöglichkeiten? Was man einige Zeit hindurch noch mit Berufung auf die Geheimnishaftigkeit und Nichterfassbarkeit Gottes auffangen konnte, erwies sich spätestens seit der Erkenntniskritik David Humes und Immanuel Kants als unabweisbar. Nämlich: Was der Mensch liest, egal in welchem der beiden Bücher, ist letztlich sein Werk. Der Leser ist mit anderen Worten der Autor dessen, was er liest. Gott kann es nicht sein, denn Gott stellt sich seinerseits als *ein reines Lektüreprinzip* neben anderen heraus: bei Hume als nützliche Gewohnheit, bei Kant als Regulativ der Vernunfterkenntnisse.

In dieser Konsequenz wurde schon zu Beginn der deutschen Romantik immer mehr vermutet und schließlich offen ausgesprochen: Das Buch – welches immer -, das der Mensch zur Bewältigung seiner Existenz zu lesen hat, ist leer. Es besitzt von sich aus keinen Sinn und wurde von niemandem geschrieben. Die Buchstaben, Wörter, Sätze und Geschichten, die sich darin allenfalls finden, hat niemand anders als der Leser selbst, d.h. der Mensch, eingetragen. Damit schlägt die Stunde des Nihilismus, jenes "Unheimlichsten aller Gäste", der in Europa zugleich das eröffnet, was wir heute die Sinnfrage nennen. Friedrich Nietzsche hatte zu Recht prophezeit, dass es Jahrhunderte dauern würde, bis die Konsequenzen dieses Ereignisses klar würden. Denn jetzt, am Ende des 20. Jahrhunderts, wo wir nicht einmal mehr sagen können, dass es der Mensch, geschweige denn der einzelne Mensch ist, der das Buch schreibt, sondern diesem vorhergehende, von ihm weder überblickbare noch steuerbare Anonymgrößen wie Sprache, Kultur, Wirtschaft, Gesellschaft, unbewusste Biographie und dergleichen, ist es vollends unmöglich geworden, einen möglichen einzigen göttlichen Autor zu behaupten. Solange noch an die menschliche Autorschaft geglaubt wurde, konnte man sich christlicherseits – die Theologie von Karl Rahner ist ein eindrucksvolles Beispiel dafür – noch über die Inkarnation, die *Mensch*werdung Gottes, einen Weg zu Gott freihalten. Wie dies hingegen jetzt, wo es anscheinend auch mit dem menschlichen Subjekt nicht mehr so weit her ist, wie man gerne gehabt hätte, noch erfolgen soll, weiß ich nicht zu sagen.

Innertheologische und innerkirchliche Faktoren

Gehe ich jetzt auf *die innertheologischen und innerkirchlichen Faktoren* ein, die bewirkt haben, dass die Theologie zur wissenschaftlichen Außenseiterin geworden ist, so kehre ich zu dem bereits beschriebenen Verständigungsverlust zwischen Theologie und dem zurück, was ich einfachheitshalber „die Naturwissenschaft" genannt habe, hinter dem aber die gesamte neuzeitliche Kultur steht. Dieser Verständigungsverlust musste sich auf Dauer zum Nachteil der Kirche und der Theologie auswirken, denn der Fortschritt der menschlichen Erkenntnisse und Errungenschaften ließ sich nicht aufhalten. Er wurde im Gegenteil immer mächtiger, unvorstellbar mächtig. Doch eben dies wollte man kirchlicherseits nicht wahrhaben. Man erging sich vielmehr – Ausnahmen seien nicht bestritten – theologisch und philosophisch in (Barock)Scholastik, d.h. in einer Denkform, die mit dem neuen Denken von vornherein nicht mithalten konnte. Selbst als man aus diesem selbstgefälligen Schlaf brutal wachgerüttelt wurde, was in der Französischen Revolution geschah, zog man offiziellerseits daraus keine Konsequenz. Im Gegenteil, man reagierte darauf mit dem Jetzt-Erst-Recht-Standpunkt der Neuscholastik und erklärte schlicht alle Anliegen und Errungenschaften der Neuzeit per Syllabus,[2] Enzykliken und Konzilsdokumenten zu Werken des Bösen.

Fatalerweise ging diese Rechnung zunächst sogar auf. Das neuscholastische Konzept kam dem Wunsch vieler Menschen nach Abwehr der Angst vor dem Verlust der herkömmlichen Werte und Plausibilitäten massiv entgegen. So vermochte die katholische Kirche noch einmal eine Expansionskraft sondergleichen zu entfalten, die sich weltweit auswirkte und jene integrative katholische Kultur schuf, die noch viele von uns selbst kennengelernt haben oder zumindest aus den Erzählungen ihrer Eltern kennen. Ihr Verfall sollte erst in den letzten Jahrzehnten des 20. Jahrhunderts einsetzen. Wir sind heute Zeugen dieses Ereignisses. Wir wissen aber auch heute, dass diese vermeintliche Erfolgsgeschichte der neuscholastischen Kultur das katholische Selbstbewusstsein in einer ungesunden Weise stärkte. *Ungesund*, denn es verhinderte abermals die längst fällige Verständigung mit der zeitgenössischen Kultur, suggerierte doch dieses Selbstbewusstsein den Eindruck, es laufe sowieso alles richtig, das Katholische sei schon in Ordnung und nur alles andere sei noch nicht zur Wahrheit erlöst. Die Folge davon konnte wiederum nur diese sein: Als endlich klar, *sonnenklar* wurde, dass sich zumindest die westliche Hemisphäre, auf Dauer aber natürlich alle Welt, die sich der westlichen Kultur öffnen würde, in Richtung neuzeitlicher und postmoderner Ideale und Errungenschaften orientierte, kam man bereits zu spät. Man sprach und spricht nicht einmal mehr die Sprache, welche die Menschen oder gar die Wissenschaften der Zeit sprechen. Entsprechend versteht man nicht mehr und wird man nicht mehr verstanden.

Aus der allzu langen Abwehrhaltung gegen die neuzeitliche Kultur tat sich aber auch etwas Verhängnisvolles im Selbstverständnis des offiziell kirchlichen Verständnisses von Theologie und in der Folge ebenso im Selbstverständnis jener Theologen und Theologinnen, die sich den kirchlichen Vorgaben unterwarfen: Theologie wurde immer mehr verstanden als Hüterin eines Schatzes, eines „patrimoniums“, das es zu bewahren gilt. Daran ist zunächst nichts Unberechtigtes, denn in der Tat findet die christliche Theologie ihre Identität im *Gedächtnis* an die Ereignisse der Heilsgeschichte. Was man aber dabei übersah, war der Umstand, dass das, was einem da zum Gedächtnis

[2] Eine mit der Enzyklika Quanta cura 1964 allen Bischöfen zugeschickte Sammlung von 80 verurteilten „Zeitirrtümern“.

überantwortet worden war, aus *Verheißungen* besteht, d.h. aus Aufforderungen zum *Wagnis von Zukunft*, nicht aus einem Schatz, den man vor allem zu hüten und zu verteidigen braucht. Man kann auch sagen: Was man falsch verstand, war nichts Geringeres als die Parabel von den Talenten. Man bemerkte gar nicht, dass man es nicht mit jenen Verwaltern hielt, welche die ihnen anvertrauten Talente vermehrten, sondern mit jenem Verwalter, der sein einziges Talent im Boden vergrub. Deshalb liefen auch die meisten kirchlichen Initiativen in Richtung Theologie einzig und allein darauf hinaus, diese mit dem zu vergleichen, was man für die einzige und absolut wahre Auslegung der Bibel hielt, und sie je nachdem zu verurteilen oder gutzuheißen. Dass dies wiederum eine schwere Beeinträchtigung der Theologie als Wissenschaft bedeuten musste, liegt auf der Hand, denn Wissenschaft kann nur gedeihen, wenn es auch die Freiheit der Forschung und damit die Möglichkeit zum Wagnis des Denkens gibt.

Die gesamte kirchliche Konkordatspolitik ist in diesem Zusammenhang zu sehen. Um der historischen Gerechtigkeit willen gebe ich gerne zu, dass die Konkordate, die der Heilige Stuhl mit etlichen Ländern abgeschlossen hat, viel dazu beigetragen haben und nach wie vor dazu beitragen, dass es den Theologischen Fakultäten – und damit der Theologie - an den staatlichen Universitäten bislang so gut gegangen ist und immer noch gut geht. Vermutlich herrschten heute bereits andere, sprich schlechtere Verhältnisse, wenn der Staat sich nicht an die Verträge mit dem Vatikan hätte halten müssen. Andererseits kann man nicht übersehen, dass kirchlicherseits die Konkordate nicht etwa dazu eingesetzt und in Anspruch genommen wurden und werden, um die Wissenschaft zu fördern, sondern einzig allein dazu, die eine wahre Lehre, die man zu haben meint, und die entsprechende kirchenpolitische Position, die man in Rom gerade vertritt, zu verteidigen und durchzusetzen.

Etwas anderes lässt sich der gegenwärtigen Praxis der Nihil-obstat-Erteilungen bei der Berufung von Professorinnen und Professoren durch die römischen Obrigkeiten – dass die Ortsordinarii hier eine Rolle spielten, ist ein Wunsch der Kirchenrechtler, keine Realität – auch bei wohlwollender Interpretation nicht abgewinnen. Dieses nicht nur für die betroffenen Theologinnen und Theologen, sondern für die Theologischen Fakultäten letztlich demütigende Schauspiel hat jedoch nach außen, d.h. in Richtung der anderen Fakultäten an den Universitäten, eine verheerende Wirkung. Nehmen sich die Mitglieder einer Universität, die fundamental auf die Freiheit der Forschung verpflichtet sind und die Autonomie der Wissenschaft im Rahmen des Möglichen zu wahren haben, auch nur ein wenig ernst, so *können* sie auf Dauer diese Praktiken nicht akzeptieren. Das bedeutet aber: Je mehr die Universitäten Selbstverwaltung erlangen, umso mehr werden sie sich dem Konkordats-Procedere verweigern und letztlich die Theologischen Fakultäten ohne Rücksicht auf Verluste ins Abseits drängen. Noch geschieht dies nicht, weil an den Universitäten immer noch Funktionäre das Sagen haben, die sich eine Universität ohne Theologie nicht vorstellen können. Wie wird es aber sein, wenn eine Generation ans Ruder kommt, die weder kirchlich noch religiös sozialisiert ist, und das Konkordat sein lässt, indem es zwar den völkerrechtlich geltenden Buchstaben erfüllt, um sich keine politischen Schwierigkeiten einzuhandeln, ansonsten aber die Theologischen Fakultäten finanziell und organisatorisch auf das Abstellgleis schiebt?

Zukunftsperspektiven für die Theologie

Ich sagte eingangs, dass ich diese Ursachenforschung in der Absicht betreiben würde, mögliche Wege aus der beschriebenen Situation zu finden, wobei ich natürlich nicht der Illusion nachhinge, die Theologie ließe sich wieder in ihre alte Rolle als „mater scientiarum“ rückinstallieren. Ich beschränke mich dabei auf zwei Punkte:

Erstens: Will die Theologie auf dem Forum der Wissenschaften wieder ernst genommen werden, so kommt sie zum einen nicht darum herum, Wissenschaft nach denselben Kriterien zu sein wie die anderen Wissenschaften ebenfalls, und zum anderen nicht daran vorbei, sich intensivst mit den anderen Wissenschaften zu beschäftigen. Das eine bedeutet, dass die Theologie endlich davon abgehen muss, nur danach zu fragen, was sie selbst sich vorstellen könnte, im Kreis der Wissenschaften einzubringen, sondern umgekehrt damit zu beginnen, die Erwartungen, welche die Gemeinschaft der Wissenschaften, die scientific community, an sie als Wissenschaft hat, zu reflektieren und zu erfüllen. Das andere impliziert, dass sich die Theologie überall dort, wo sie sich in ihren Fragestellungen mit anderen Wissenschaften trifft, diese auch im höchst möglichen Maß berücksichtigt. Nur unter beiderlei Rücksicht hat sie noch eine Chance, als Wissenschaft ernst genommen zu werden. Das mag schwierig sein und nur begrenzt gelingen, denn sicherlich ist es schwer, als Wissenschaft, die auf einem Glauben, d.h. auf existentiellen und damit subjektiven Entscheidungen, fußt, den Anschluss an eine Wissensform zu finden, die – im Rahmen des Möglichen - auf Intersubjektivität, Allgemeingültigkeit und Objektivität setzt. Darüber hinaus wird es aufgrund der Pluralität und enormen Komplexität der Wissenschaften immer nur partiell, sprich von Anlassfall zu Anlassfall möglich sein, eine Verständigung mit den anderen Wissenschaften herzustellen. Doch meines Erachtens führt daran kein Weg vorbei, wenn die Theologie an den Universitäten weiter bestehen will. Mein diesbezüglicher Optimismus gründet sich auf der Überzeugung, dass die anderen Wissenschaften die Bedeutung des Religiösen für den Menschen nicht leugnen und von sich aus durchaus zu grundlegenden menschlichen Fragen vorstoßen, die sie zumindest nicht mehr alleine beantworten können. Ich bin mit anderen Worten sicher, dass die anderen Wissenschaften Erwartungen an die Theologie haben und mit ihr rechnen. Die Theologie hätte die Chance, darauf zu achten und zu reagieren.

Zweitens: Damit die Theologie dies kann, muss sie wieder zurückfinden zu einem Geist der Hoffnung. Zur Hoffnung jedoch gehört die Bereitschaft zum Wagnis und zum Risiko. Man kann auch sagen: Hoffnung besteht nicht so sehr im geduldigen, unter Umständen sogar passiven Warten auf etwas, sondern im aktiven und entschlossenen Zugehen auf die Zukunft, ja im Ergreifen dessen, was kommen soll. So entspricht es auch dem eigentlichen „Gegenstand" der christlichen Theologie, nämlich den *Verheißungen* der göttlichen Offenbarungen. Die biblischen Verheißungen sind allemal verbunden mit Aufforderungen zum Handeln des Menschen. Dieses Handeln wiederum ist kein bloßes Anhängsel zu dem, was verheißen wird. Vielmehr hängt der Erweis der Wahrheit der Verheißungen daran, dass der Mensch ihnen entsprechend handelt. Erst wenn die Menschen sich danach verhalten und selbst so sein wollen, wie Gott ihnen verheißen hat, werden sie auch erkennen, dass dieser Gott vertrauenswürdig und wahr ist, weil sich erfüllt, was er verheißen hat. Nun basiert nach meiner Überzeugung auch die Theologie auf einer solchen Verheißung, auf jener zentralen nämlich, dass Gott alles in allem sein wird. In dieser Weise wird Gott auch die Wahrheit schlechthin sein. Es kann keine Wahrheit außerhalb von ihm oder gar gegen ihn geben. Glaubt die Theologie dieser Verheißung, dann kann sie, wie schon bei Thomas von Aquin so eindrucksvoll zu lesen ist, keinen Weg von sich ausschließen, der um der Wahrheit willen und in wahrhaftigem Bemühen begangen wird. Denn jeder dieser Wege muss zu Gott führen, wenn die Verheißung richtig ist.

Auf unser Thema angewandt: Die Theologie braucht keine Wissenschaft zu fürchten, die in redlicher Absicht und mit dem Ziel der Wahrheit vor Augen betrieben wird, auch wenn sie im Moment wenig mit Gott zu tun zu haben scheint. Ich möchte sogar sagen: Wenn die Theologie die ihr zugrundeliegenden Verheißungen ernstnimmt und aus der Hoffnung auf die Erfüllung derselben heraus lebt, dann hat sie sich vor den anderen Wissenschaften nicht nur nicht zu fürchten, sondern dann muss sie vielmehr entschlossen auf sie zugehen – und dies nicht allein deshalb, weil ihr keine andere Wahl bliebe, sondern weil es *um Gott* geht. Ja, an ihrem Verhalten zu den anderen Wissenschaften bekundet sie, wie sie es mit diesem hält, was sie ihm alles zutraut und ob sie seiner Verheißung, alles in allem zu sein, wirklich glaubt.

Es ist ganz klar, dass die Theologie diese Hoffnungsoffensive nur leisten kann, wenn ihr die Kirche dazu den nötigen Freiraum gewährt. Denn noch einmal: Ohne Wagnis, ohne Risiko, ohne die Möglichkeit frei denken zu können und ohne Chance, auch einmal irren zu dürfen, vermag sich weder Hoffnung noch Wissenschaft zu entfalten. Im Klartext: Verhält sich die Kirche weiterhin so, wie sie es gegenwärtig tut, dass sie nämlich im Bereich der Theologie überwiegend vorgebend, maßregelnd und zensurierend auftritt, und wendet sie die konkordatären Vereinbarungen auch in Zukunft mit dem ausschließlichen Ziel der Einflusserhaltung an, dann macht sie es à la longue nicht nur unmöglich, dass sich die Theologie als Wissenschaft auf dem Forum aller Wissenschaften behaupten kann, sondern dann löscht sie auch die Hoffnung aus. Für die Kirche gilt daher wie für die Theologie: An ihrem Umgang mit der Theologie macht sie offenkundig, wie sie selbst zu dem Gott steht, den sie verkündet. Sie muss begreifen lernen, dass in diesem ihrem Verhalten zu ihren eigenen Theologinnen und Theologen nichts Geringeres als ihre Botschaft auf dem Spiele steht. Dies aber nicht in dem Sinne, wie sie es derzeit interpretiert, dass es nämlich jedes Mal nur darum ginge, die Konformität von Theologie und Lehramt zu herzustellen, sondern in dem Sinne, dass sie offen legt, ob sie auf die Erfüllungen der Verheißungen auch wirklich hofft oder ob sie es lieber bei der Bewahrung des Überkommenen bewenden lässt.

Noch einmal schwinge ich mich zu Optimismus auf und gründe ihn darauf, dass es nach dem soeben Dargelegten meines Erachtens eine *theologische Motivation* zur Wissenschaft gibt. Ja, die Hoffnung auf die Erfüllung der Verheißung, dass Gott alles in allem sein wird, eine *theologische* Tugend also, ist letztlich identisch mit der einzig möglichen Haltung der Theologie den anderen Wissenschaften gegenüber, besser: mit dem offensiven Zugang auf diese. Theologie entfernt sich in der permanenten Besinnung auf sich selbst nicht von den anderen Wissenschaften, sondern geht ihnen gerade dadurch entgegen. Ihre Chance, sich an den heutigen Universitäten zu behaupten, bedeutet somit keine Preisgabe ihrer Identität, sondern fordert diese in noch nie dagewesenem Maße.

Maria Elisabeth Aigner

Zur gesellschaftlichen Relevanz der (Praktischen) Theologie

„Wenn die Winde der Veränderung wehen, bauen die einen Mauern, die anderen Windmühlen."[1] Wenn bei diesem Symposion über die Theologie als Wissenschaft an der Universität nachgedacht werden soll, dann bekommen wir inhaltlich und atmosphärisch auch etwas von den „Winden der Veränderung" zu spüren, die den Theologischen Fakultäten an staatlichen Universitäten im deutschsprachigen Raum derzeit entgegenblasen. Der Wind kommt dabei gleich aus zwei Richtungen: Kirchlicherseits von Bestreben, die Theologischen Fakultäten aus den staatlichen Universitäten herauszunehmen und die Ausbildung von Theologen und Theologinnen (?) an Orten vorzunehmen, die der kirchlichen Trägerschaft unterstehen. Staatlicherseits bläst in Österreich der Wind im Zuge der Implementierung des Universitätsorganisationsgesetzes 1993 ziemlich rau, wenn sich eine Politik bemerkbar macht, die von Einsparungen bei Lehrstühlen sowie von Personal- und Budgetreduktionen gekennzeichnet ist.

Wissenschaftliche Theologie ist anscheinend nicht mehr gefragt oder angefragt, sondern wird hinter-fragt und gerät dadurch unter Rechtfertigungsdruck. Theologische Fakultäten und die an ihnen betriebene Theologie sind nicht mehr selbstverständlich. Diese Situation zwingt die einzelnen Disziplinen und ihre Vertreter und Vertreterinnen dazu, über ihr Selbstverständnis nachzudenken – und das nicht nur hinsichtlich ihrer binnenwissenschaftlichen Beschaffenheit, sondern auch in bezug auf ihre Relevanz im Hinblick auf Kirche und Gesellschaft sowie ihre Verortung im Reigen der anderen Wissenschaften.

Im Folgenden wird ausgehend von Rolle und Selbstverständnis der Praktischen Theologie im universitären Kontext der Blick auf die wissenschaftliche Theologie als eigenständiges „Praxisfeld" gelenkt und dieses im Hinblick auf die Notwendigkeit einer gesellschaftlich relevanten Theologie untersucht.

---

[1] Ein Wahlkampf-Slogan in Österreich.

Praktische Theologie im universitären Kontext

Geht es um die Nachdenkarbeit in bezug auf die gesellschaftliche Relevanz von Theologie, wird nicht selten die Praktische Theologie beigezogen, weil sie es ist, an welche gerne die Zuständigkeit delegiert wird, für den Lebens- und Gesellschaftsbezug der Theologie zu sorgen.[2] Das ist zwar verständlich – bewegt sie sich doch von ihrem Fach her an der Schnittstelle zwischen Theorie und Praxis - trotzdem ist ein solcher Bezug aber für die gesamte Theologie konstitutiv, wenn sie den Anspruch erhebt, Wissenschaft zu sein, in der Gott und sein Verhältnis zu den Menschen zur Sprache kommt. Theologie muss sich – so wie die religiöse Tradition - permanent prozesshaft in diese Welt mit all ihren Gegebenheiten und Herausforderungen inkulturieren, will sie nicht willkürlich, leblos und unbedeutend werden.[3] Theologie wird an Theologischen Fakultäten und Hochschulen aber ganz konkret von Wissenschaftlerinnen und Wissenschaftlern betrieben, also von Frauen und Männern, an die ein solcher Anspruch zweifach ergeht: Zum einen als Anspruch nach innen, insofern diese Theologinnen und Theologen selbst mit Gott Erfahrungen gemacht haben und machen, die es ihnen erlauben, als Glaubende kompetent von diesem Gott zu sprechen. Zum anderen als Anspruch nach außen, hin zu den anderen Wissenschaften, dass nämlich diese Rede von Gott auch dort standhält, wo die individuellen und gesellschaftlich-sozialen Begebenheiten in ihrer Ganzheit reflektiert, bedacht und besprochen werden.[4]

Als wissenschaftliche Disziplin an einer Theologischen Fakultät staatlich institutionalisiert, wird die Praktische Theologie - so wie alle anderen theologischen Disziplinen – permanent konfrontiert mit dem Eingebundensein in das Spannungsverhältnis Wissenschaft – Religion – Gesellschaft. Eine solche Verortung bringt ein Zweifaches: Sie zwingt die Theologie einerseits, sich ständig mit nicht-kirchlicher oder auch nicht-religiöser Wirklichkeitswahrnehmung auseinanderzusetzen, andererseits, sich den Herausforderungen, die nicht-kirchliche Realität und nicht-religiöse Wirklichkeitsdeutungen mit sich bringen, zu stellen. Rainer Bucher erkennt in dieser Situation das Kontextproblem,

---

[2] Vgl. Fürst, W.: Praktisch-theologische Urteilskraft. Auf dem Weg zu einer symbolisch-kritschen Methode der Praktischen Theologie, Einsiedeln 1986, 423.

[3] So werden z. B. in der Pastoralkonstitution „Gaudium et spes" jegliche Privatisierungstendenzen in bezug auf die wissenschaftliche Theologie abgelehnt (vgl. Nr. 62).

[4] Vgl. auch Waldenfels, H.: Theologie im Kontext unserer Zeit, in: StZ, Bd. 215 (1997) 691-703, 691.

dem alle pastoralen Orte (und mit ihnen die Theologischen Fakultäten) nach Auflösung des geschlossenen katholischen Milieus ausgesetzt sind.[5]

Das heißt vorweg: Denken wir über die gesellschaftliche Relevanz der Praktischen Theologie oder der Theologie überhaupt nach, dann kommen wir weder um das Theorie-Praxis Problem, noch um postmoderne Pluralisierungstendenzen und deren Folgen herum.

Praktische Theologie[6] und ihr Selbstverständnis

Über das eigene Selbstverständnis nachzudenken, scheint für theologische Disziplinen nach wie vor keinesfalls selbstverständlich zu sein.[7] Der Praktischen Theologie jedoch liegt das Nachdenken über den eigenen Standort wahrscheinlich schon aufgrund ihrer Entstehungsgeschichte näher als ihren theologischen Nachbardisziplinen. Sie wurde vor rund zweihundert Jahren als eigenständiges Fach in Reaktion auf die Auflösung des lebendigen Ineinanders von Gesellschaft und Christentum eingerichtet[8] und hatte als „Anwendungswissenschaft" die Aufgabe, das in der Theologie erarbeitete und verfügbare historische, exegetische und systematische Wissen in die Praxis umzusetzen, damit es dort von den Seelsorgern der Kirche „praktisch" angewandt werden konnte. „Praxis" wird so als „angewandte Theorie" verstanden und das „Wissen von außen" bloß adaptiert, ohne es einer nochmaligen eigenständigen Reflexion zu unterziehen.[9]

---

[5] Vgl. dazu Bucher, R.: Theologische Fakultäten in staatlichen Hochschulen. Thesen zu ihrem Sinn und ihrer Bedeutung als exemplarische Orte der Pastoral, in: Kraus, G. (Hg.).: Theologie in der Universität. Wissenschaft – Kirche – Gesellschaft, Festschrift zum Jubiläum: 350 Jahre Theologie in Bamberg, Frankfurt a. Main 1998, 183-192, 185.

[6] Wenn von „Praktischer Theologie" die Rede ist, dann wird dieser Begriff hier äquivalent zum Terminus „Pastoraltheologie" verwendet. Im evangelischen Bereich hat sich seit langem die Rede von „Praktischer Theologie" eingebürgert und die katholische Theologie scheint nachzuziehen. Je nach Adressatenkreis oder Denkweise oder lokaler Tradition wird einmal die eine, dann wieder die andere Bezeichnung verwendet. Vgl. dazu auch Adler, G.: Von der Pastoraltheologie der christlichen Praxis. Ein Lagebericht aus Frankreich, in: IJPT 2 (1998) 308-328, 324.

[7] Diesbezügliche Vorstöße Karl Rahners vor nun schon beinahe drei Jahrzehnten wurden anscheinend bis vor kurzem im Gesamt der theologischen Landschaft mehr oder weniger ignoriert. Vgl. dazu Rahner, K.: Schriften zur Theologie, Bd. IX, Einsiedeln Zürich Köln 1970, hier v.a. das Kapitel „Aufgaben und Problemfelder heutiger Theologie".

[8] Vgl. Fürst, Praktisch-Theologische Urteilskraft, 246, sowie Lehner, M.: Praktische Theologie zwischen Kirche und Gesellschaft, in: PThI 18 (1998) 249-266, 261.

[9] Vgl. Wahl, H.: Pastoralpsychologie – Teilgebiet und Grunddimension Praktischer Theologie, in: Baumgartner, I. (Hg.): Handbuch der Pastoralpsychologie, Regensburg 1990, 41-61, 42f.

Heute versteht sich Praktische Theologie keinesfalls mehr als reine „Applikationswissenschaft", sondern wie es Heribert Wahl formuliert „als wirklich praktische Wissenschaft, als ausdrücklich theologische ‚Theorie kommunikativen Handelns'".[10] Damit deklariert sie als ihren Reflexionsgegenstand in einem sehr umfassenden Sinn die Praxis der Menschen sowie die damit verbundenen Bedingungen. Diese Praxis, d.h. das Leben selbst, schreibt die Themen vor und entzieht sich jeglicher Festschreibung, weil sie ständig der Veränderung unterworfen ist. Insofern unterliegt die Identität der Praktischen Theologie einem stärkeren Wandel als dies bei anderen theologischen Disziplinen der Fall ist, was wiederum Auswirkungen auf ihr Selbstverständnis hat und im Hinblick auf ihre gesellschaftliche Relevanz als Chance zu begreifen ist.

Geht es der Praktischen Theologie um die Reflexion der Praxis und eine damit verbundene permanente Handlungsorientierung aus dem Glauben, so stellt sich die Frage, wie eine solche Orientierung immer wieder neu möglich wird. Dazu muss die Praktische Theologie sich interdisziplinär am wissenschaftlichen Streit um die Wirklichkeit beteiligen.[11] In diesem Streit entwickelt sie eine eigenständige Methode – hat sie doch nicht nur die gegenwärtige Praxis innerhalb der Kirche, sondern auch an deren Rändern und außerhalb von ihr zu erheben. Diese Erhebung vollzieht sich in Kooperation mit den Human-, Gesellschafts- und Sozialwissenschaften, wird als Tatbestand kritisch an der überlieferten Botschaft unter Einbeziehung anderer theologischer Disziplinen gemessen und inkludiert die Suche nach Veränderung im Gespräch mit Kultur und Gesellschaft. Nicht selten gerät die Praktische Theologie im Zuge einer solch komplexen Verfahrensweise unter Druck, sich als theologische Wissenschaft behaupten zu müssen, um entsprechende Anerkennung im Kreis der wohletablierten Disziplinen zu erhalten.[12]

Als theologisches Fach bewegt sich die Praktische Theologie an einer Katholisch-Theologischen Fakultät innerhalb der jüdisch-christlichen Tradition, aber sie kann nur dann diskursfähig bleiben, wenn sie den heutigen gesellschaftlich-kulturellen Kontext in seinen (auch religiös-) pluralisierten Ausformungen wahrzunehmen bereit ist.[13] Als theologische Disziplin kann sie sich nicht damit begnügen, „applizierte Humanwissenschaft" zu sein. Ihre theologische

---

[10] Ebd., 43.
[11] Vgl. ebd., 45.
[12] Vgl. ebd., 41f.
[13] Vgl. Ziebertz, H.-G.: Objekt – Methode – Relevanz: Empirie und Praktische Theologie, in: PThI 18 (1998) 305-321, 314.

Kompetenz ist gefragt und damit ihre Kompetenz im Umgang mit dem Religiösen und Transzendenten. Ansonsten ist es auf Dauer nicht einsichtig, warum ihre Akteure nicht an anderen Fakultäten lehren sollten (z. B. Praktische Theologie als Soziologie oder Psychologie).[14]

Einer handlungstheoretisch-kommunikativen Praktischen Theologie geht es um ein pastorales Handeln, das neue Dimensionen der Wirklichkeit erschließt. Wenn das kommunikative Handeln, das die Praktische Theologie als Theorie entwickelt, dazu befähigen soll, „Glauben als explizite christliche Praxis zu tradieren, sprachlich sowie symbolisch auszudrücken und gemeinsam mit anderen und stellvertretend für andere zu verwirklichen"[15], dann legt sie sich die Latte ziemlich hoch. Denn das bedeutet, dass es ihr nicht nur um bloße theoretische Konstrukte geht, sondern dass sie zu einer kommunikativen Praxis anstiften soll, in der die christlich oft nur behauptete Wirklichkeit Gottes tatsächlich erfahrbar wird.[16]

Praktische Theologie und ihr Blick auf die Wissenschaft als „Praxis"

Die Praktische Theologie hat an der Schnittstelle zwischen Theorie und Praxis meist jene Praxis im Blick, die außerhalb der wissenschaftlichen Mauern anzutreffen ist. Sie richtet ihre Aufmerksamkeit auf die kirchlichen und außerkirchlichen Lebens- und Arbeitsbereiche, in denen sich menschliche Lebensrealität manifestiert und bringt auch von daher ihre gesellschaftliche Relevanz ins Spiel. Sie hat es aber auch in ihrem unmittelbaren akademischen Kontext mit sogenannten „living human documents",[17] mit „lebenden Texten" also zu tun. Darauf hat besonders Ottmar Fuchs im Zuge seiner Überlegungen zu einer „diakonischen Orientierung wissenschaftlicher Theologie" hingewiesen.[18] Die Praktische Theologie hat demnach bei ihren Praxisanalysen den Blick nicht nur nach „außen", sondern auch nach „innen" zu richten. Sie muss sich die Anfrage gefallen lassen, wie in der konkret gelebten „Praxis" innerhalb der institutionellen Einrichtungen einer Theologischen Fakultät in Forschung,

---

[14] Vgl. Fuchs, O.: Für eine neue Einheit von Sozial- und Glaubenspastoral!, in: PThI 18 (1998) 231-247, 244.

[15] Mette, N.: Praktische Theologie als Handlungswissenschaft, in: Diak. 10 (1979) 190-203, 198.

[16] Vgl. Wahl 1990, 45.

[17] Die Bezeichnung stammt vom amerikanischen Pastoraltheologen und Klinikseelsorger Antony T. Boison.

[18] Vgl. dazu v.a. Fuchs, O.: „Wie verändert sich das Verständnis von Pastoraltheologie und Theologie überhaupt, wenn die Diakonik zum Zug kommt?", in: PThI 10 (1990) 175-202.

Lehre und Verwaltung die Kluft zwischen Theorie und Praxis überwunden werden kann.

Bei der Betrachtung des Theorie-Praxis-Problems innerhalb der eigenen Reihen geht es aus praktisch-theologischer Sicht vor allem um eine Zusammenschau. Dabei will die Praktische Theologie darauf aufmerksam machen, dass das, was theoretisch (in Forschung und Lehre) und (fakultäts)politisch (in bezug auf Wissenschaft, Kirche und Staat) getan wird zusammenhängt und von mehr oder weniger transparenten Optionen bestimmt wird. Geht es der Praktischen Theologie um eine „Theorie kommunikativen Handelns", dann stellt sich für sie automatisch die Frage, ob sich eine solche auch im gemeinsamen Tun einer Theologischen Fakultät, also in deren „Praxisvollzug" widerspiegelt. Rainer Bucher geht dabei so weit, dass er diesen spezifischen „Praxisort" an Theologischen Fakultäten als „pastoralen Ort" benennt.[19] Kann wissenschaftliches Theologietreiben auch als pastorales Handeln der Kirche bezeichnet werden? Oder anders ausgedrückt: Kann der Ort wissenschaftlicher Theologie (so wie dort praktiziert, gelebt und geglaubt wird) noch ein Ort der Theologie sein, wenn er kein pastoraler Ort ist? Im Blick auf das II. Vatikanische Konzil muss sich auch die wissenschaftlich praktizierte Theologie als kirchliches Handeln in einem eigenständigen Sinn verstehen. Gemeint ist damit, dass kirchliches Handeln pastorales Handeln ist, wenn darin das Geheimnis der Liebe Gottes zu den Menschen offenbar wird und das Verhältnis unter den Menschen von dieser Haltung geprägt ist.[20]

„Kirchlich" ist hier nicht in einem institutionalistischen Sinn zu verstehen, sondern will in einem theologischen Sinn jene „Reich-Gottes-Erfahrung" beschreiben, wie sie z. B. in der Lebens- und Glaubenspraxis des Jesus von Nazareth präsent wird. Versteht die Theologie sich selbst nicht mehr als „Kirche" in dem Sinn, dass es ihr (auch und gerade in ihrem eigenen Tun) um Erfahrungen geht, die diese „Reich-Gottes-Qualität" besitzen, dann überließe sie „den Kirchenbegriff [vorschnell] denjenigen, die ihn zur Entmündigung der Subjekte missbrauchen und damit das Volk Gottes in seinem Kirchewerden behindern".[21] Wenn wissenschaftliche Theologie ein Ort sein soll, an welchem pastorales bzw. kirchliches Handeln praktiziert wird, dann geht es in erster Linie um befreiendes Handeln, nicht aber um eine devote Verherrlichung eines institutionalistisch verstandenen Kirchenbegriffes oder um die intellektuelle

---

[19] Vgl. Bucher 1998, 187.
[20] Vgl. ebd., 184.
[21] Ebd.

Domestizierung der Theologie.[22] Wohl aber macht die theologische Wissenschaft als Ort kirchlichen Handelns darauf aufmerksam, dass es ihr bei all ihrem Engagement um einen Dienst geht, der im Zeichen jener Realität steht, die über menschliche Lebensverhältnisse hinausweist. Diese Realität ist es auch, aus der heraus die Kirche ursprünglich entstanden ist und aus der sie lebt. Theologische Fakultäten haben in der Treue zu diesem Dienst optional in erster Linie die Leidenden und Bedrängten in den Blick zu nehmen und sind gefordert, ihre materiellen, intellektuellen und personellen Ressourcen dafür einzusetzen, dass menschliche Not und Unterdrückung wahrgenommen und verändert werden können.

Praktische Theologie als „Anstifterin" beim „Bauen von Windmühlen"

„Wenn die Winde der Veränderung wehen, bauen die einen Mauern, die anderen Windmühlen". Kehren wir nochmals zum vorher erwähnten „Gesamthorizont" zurück, in den die Theologischen Fakultäten eingebunden sind, um genauer zu verstehen, warum die Praktische Theologie derzeit die Rolle der „Anstifterin" beim „Bauen von Windmühlen" einnehmen kann. Dieser Horizont lässt sich am besten im Spannungsfeld „Staat – Kirche – Wissenschaft" orten und kann am deutlichsten unter dem Stichwort „Pluralisierung" charakterisiert werden. Denn die derzeit stattfindenden radikalen Pluralisierungstendenzen in den Bereichen Wirtschaft, Kultur und Wissenschaft sowie innerhalb der einzelnen Lebensbiographien machen auch vor den Toren der Theologischen Fakultäten nicht halt. Was die Theologischen Fakultäten dabei als Institution erleben, ist nichts anderes als ein Beispiel dafür, wie sich individuelle christliche Existenz in postmoderner Gesellschaft etablieren muss. Im Bereich einer Theologischen Fakultät können demnach Probleme und Herausforderungen, die eine solche Pluralisierung mit sich bringen, sehr präzise abgelesen werden, gerade auch weil „die Reflexivität, Intellektualität und auch Experimentalität"[23] im Raum der Wissenschaft dazu beiträgt.

Es wäre aber zu wenig, wenn eine entsprechende Auseinandersetzung der Theologie mit der Postmoderne nur anhand ihres „theoretischen Outputs" ablesbar wäre, ja vielleicht wäre eine alleinige Fixierung auf theologische Publikationen sogar eine gefährliche Verlockung, die besagten Mauern fester zu zementieren, um uns vor den Windböen zu schützen. Die Herausforderung besteht darüber hinaus darin, dass im gemeinsam praktizierten Handeln für die

---

[22] Vgl. ebd.
[23] Ebd., 190.

beteiligten Subjekte das erfahrbar wird, was diese selbst in ihren Publikationen im Blick auf ein sich aus der jüdisch-christlichen Tradition nährendes Christentum postulieren. Die Kategorie der Erfahrung dient dabei auf allen Ebenen als Vermittlungs- und Verbindungselement zwischen Theorie und Praxis und wird hinsichtlich ihrer Bedeutung am intensivsten von der Praktischen Theologie thematisiert. Theologische Fakultäten können „Forschung und Lehre" somit nicht mehr allein als abstrakt-globales Ziel verfolgen, sondern haben sich immer wieder damit auseinanderzusetzen, wie (!) die Praxis in Forschung und Lehre (und deren politische Realisierung im Hinblick auf Staat und Kirche) so erfolgen kann, dass darin eine für Menschen befreiende und identitätsstiftende Qualität erfahrbar wird.

Im Bereich der Forschung kann z. B. allein der Hinweis auf die Notwendigkeit, die eigenen erkenntnisleitenden Interessen zu reflektieren, bereits ein erstes „Bröckeln" der „Elfenbeinturm-Mauern" bewirken. Weiter und tiefer gefasst bedeutet eine solche Reflexion für die wissenschaftlichen Subjekte natürlich auch das Miteinbeziehen der biographischen Gegebenheiten, was im wissenschaftlichen Rahmen ungewohnt und in gewisser Weise auch verpönt ist. Der elfenbeinerne Turm wissenschaftlicher Forschung bröckelt aber auch dort, wo eine inhaltliche Auseinandersetzung in Form eines ebenbürtigen Gespräches gesucht wird, indem sich Kolleginnen und Kollegen auch im Hinblick auf ihre Forschungsvorhaben und –projekte zum Austausch an einen Tisch setzen.

In bezug auf unsere Lehrtätigkeit bedeutet ein weiterer „Windmühlenflügel", wenn gesehen wird, dass die meisten Theologiestudierenden das Studium mit der Hoffnung beginnen, dass der Zusammenhang zwischen Theorie und Praxis thematisiert und exemplarisch erlebt wird.[24] Wenn es zum Anspruch einer Theologischen Fakultät gehört, dass das Studium der Theologie tatsächlich identitätsstiftende Qualität für alle Beteiligten haben soll, dann braucht es einen Erfahrungsbezug im Lehr- und Lernprozess. Dies geschieht z. B. dadurch, dass die inhaltliche Vermittlung auf die Erfahrung der Studierenden hin ausgelegt wird. Auch Lehrende müssen ihre eigenen Erfahrungen in diesen gemeinsamen Prozess einbringen. Neben dem Erfahrungsbezug müsste es zu den Grundanliegen theologischer Lehre gehören, theologische bzw. pastorale Identität sowie kommunikative Kompetenzen zu entwickeln und zu fördern. Identitätsstiftende und kommunikative Kompetenzen sind jedoch nicht nur für den Umgang mit den Studierenden oder im Hinblick auf gemeinsame Forschungsprojekte gefragt, sondern spielen auch im fakultätspolitischen Mitein-

[24] Vgl. ebd., 189.

ander eine ausgesprochen wichtige und viel zu wenig beachtete Rolle. So untergraben Rationalisierungsstrategien oder ein verobjektivierender Umgang miteinander die gegenseitige Achtung und Wertschätzung und minimieren damit die politischen Handlungsmöglichkeiten. Für die einzelnen Individuen, die an einer Fakultät wissenschaftliche Theologie betreiben, bedeutet das, sich als Wissenschaftler und Wissenschaftlerinnen mit ihrer ganzen Person zu engagieren und neben ihren intellektuellen Fähigkeiten auch ganzheitlich-personale Kompetenzen in den Wissenschaftsbetrieb einzubringen.

Wissenschaftliche Theologie kann – wenn sie im universitären Kontext verortet ist und diese Verortung ernst und als Chance wahrnimmt, exemplarisch kreative Neuansätze und Lösungsstrategien in bezug auf jene Probleme entwickeln, denen die Kirche in postmoderner Gesellschaft gegenübersteht. Dabei haben die Theologischen Fakultäten ihr Denken und Handeln so zu gestalten, dass Anspruch und Realität nicht heillos auseinanderfallen.[25] Dort, wo es ihnen gelingt, Wissen bereitzustellen, das Lebens- und Erfahrungsbezug hat und deshalb auch von Weisheit zeugt, „sind sie nicht nur exemplarische Orte kirchlichen Handelns und für die Kirche von unschätzbarem Wert, sondern als Orte prophetischer Kritik in und an dieser Gesellschaft für diese interessant, unbequem und unverzichtbar".[26]

Kurz gefasst heißt dies für praktische Theologinnen und Theologen: Theologie wird dann „gesellschaftlich relevant", auch außerhalb binnenkirchlicher Verortungen, wenn unsere wissenschaftliche Arbeit für uns selber, unser Leben und unsere Existenz Relevanz besitzt; in dem Sinne relevant ist, dass es für uns Sinn macht und Bedeutung hat, im Kontext von Wissenschaft zu leben und zu arbeiten. Die Praktische Theologie kann der gesamten Theologie aufgrund ihrer Entstehungsgeschichte, aufgrund ihrer spezifischen Methodik oder aufgrund ihrer Verortung an der Schnittstelle zwischen Theorie und Praxis immer wieder als „prophetischer Stachel" zu Diensten stehen und sie darauf hinweisen, dass sie die Schwelle zur gesellschaftlichen Relevanz dort betritt, wo sie sich selbst als „Praxisfeld" zu begreifen beginnt. Das unermüdliche Anstiften zum gemeinsamen „Bauen von Windmühlen", wenn die – derzeit manchmal recht rauen – Winde der Veränderung wehen, mag dabei vielen lästig, unnotwendig oder ungemäß erscheinen. In bezug auf die Gesamtpraxis einer Theologischen Fakultät bedeutet dieser Bau aber, dass die wissenschaftliche Arbeit (mit allem was dazugehört) eine Dimension von „Reich-Gottes-Qualität" bekommt.

[25] Vgl. ebd., 191.
[26] Ebd., 191f.

Hermann Denz

Theologie und Soziologie

Zwischen diesen beiden Fächern gibt es historisch durchaus eine Reihe von Berührungspunkten. Um nur zwei Beispiele zu nennen:

- Für die Begründer der Soziologie nahm die Auseinandersetzung mit Theologie einen großen Stellenwert ein: Auguste Comte, der der Soziologie ihren Namen gab, sah in den Naturwissenschaften, zu denen er auch die Soziologie zählte, eine Überwindung des theologischen Denkens. Emile Durkheim versuchte an der Religion zu zeigen, was er unter dem „sozialen Band" verstand und schuf die erste Religionssoziologie; Max Weber ist vor allem mit seinen Untersuchungen zur protestantischen Ethik und zum Konfuzianismus als Religionssoziologe bekannt geworden.
- In den 60er Jahren gab es eine enge Verbindung - nicht so sehr auf der wissenschaftlichen, sondern auf einer praktisch-politischen Ebene. Theologie und Soziologie hatten ähnliche Heilserwartungen - Befreiung, Gerechtigkeit - und einen ähnlichen Ausgangspunkt in einer kritischen (aber nicht unbedingt marxistischen) Analyse der Gegenwartsgesellschaft.

Doch wenn ich die Vorgaben richtig verstanden habe, geht es hier des Näheren um das Verhältnis von Theologie und Soziologie im Rahmen einer vor allem empirisch verstandenen Religionssoziologie: „Wozu braucht es dabei eigentlich die Theologie? - Könnten Soziologen dies allein nicht ebenso gut, oder bringt die Theologie doch irgendeinen ‚Mehrwert' ein?" Man könnte die Fragen provokant noch weiter formulieren: Oder ist sie nicht vielleicht sogar hinderlich?

Die Soziologie hat sich immer schon mit Religion als einem zentralen gesellschaftlichen Thema beschäftigt und zwar in zwei Richtungen: Religion als Produkt konkreter gesellschaftlicher Ordnungen und gesellschaftliche Strukturen als Ergebnis religiöser Orientierungen.

Es ließe sich auch die Frage stellen: Wozu braucht die Theologie die Soziologie? Es gab immer Strömungen in den Kirchen), die meinen, ohne systematische empirische Forschung die Welt besser verstehen zu können, und gibt sie ansatzweise auch heute noch[1]. Die Theologie hat die Soziologie erst spät zur Kenntnis genommen. Ein Dokument dafür ist die Pastoralkonstitution „Gaudium et spes", die am 7.12.1965 beschlossen wurde: „In der Seelsorge sollten nicht nur die theologischen Prinzipien, sondern auch die Ergebnisse der profanen Wissenschaften, vor allem der Psychologie und der Soziologie, wirklich beachtet und angewendet werden, so dass auch die Laien zu einem reineren und reiferen Glaubensleben kommen."[2] Ein paar weitere Zitate: Charles H. Townes betonte in einem Vortrag beim Europäischen Forum Alpach 1999: „Ohne die Hilfe der Wissenschaft ist der Theologe ein dummer Schwätzer, wenn er über die Schöpfung in ihrer konkreten Wirklichkeit als dem Werk Gottes spricht."[3] Auch wenn dies in erster Linie über die Naturwissenschaften gesagt wurde, sollte es in gleicher Weise auch für die Sozialwissenschaften gelten. Laut Johannes Paul II ist es die Pflicht der Theologen, sich regelmäßig über die neuen wissenschaftlichen Erkenntnisse auf dem laufenden zu halten, um, falls notwendig, zu überprüfen, ob sie sie in ihren Überlegungen oder in der Überarbeitung ihrer Lehre berücksichtigen müssen. Bereits Thomas von Aquin vertrat übrigens die Auffassung dass sich ein Irrtum über die Geschöpfe in einem falschen Wissen über Gott niederschlage und den Geist des Menschen von Gott wegführe.

So weit einige Sätze zur Frage, was die Theologie von der Soziologie lernen könnte. Die Frage war aber eher umgekehrt gemeint, und die Soziologie würde das Verhältnis zur Theologie auch nicht so einfach und als Einbahnstrasse sehen, wie es in diesen Zitaten zum Ausdruck kommt.
Was kann Religionssoziologie leisten?

- Sie zeigt auf, was ist - das ist die empirische Dimension - und
- sie liefert Erklärungsmuster, welche diese Ergebnisse als Teil (funktionalistische, systemtheoretische Perspektive) oder Produkt bzw. Ursache (kausalanalytische Perspektive) gesellschaftlicher Prozesse deuten können - die theoretische Dimension.

Im folgenden möchte ich das Verhältnis von Theologie und Religionssoziologie in diesen beiden Dimensionen vor dem Hintergrund meiner Erfahrungen beleuchten. Eine grundlegende Analyse könnte nur auf der Basis einer genaueren Inhaltsanalyse der wichtigsten Arbeiten zumindest seit 1945 erfolgen.

---

[1] Dies zeigte etwa die kritische Reaktion verschiedener österreichischer Bischöfe auf die Studie „Der neue Kirchenkurs" im Umfeld der Europäischen Wertestudie von 1993 (Zulehner P.M./ Denz H.: Wie Europa lebt und glaubt. Europäische Wertestudie, Düsseldorf 1993).
[2] Pastorale Konstitution über die Kirche in der Welt von heute, Nr. 62.
[3] zit. nach: Kirche Intern 10/99, 44.

Empirische Dimension: Begriffe und Hypothesen

Das zentrale Instrument der Sozialforschung sind die Begriffe. Unabhängig von der erkenntnistheoretischen Frage, ob es eine Welt jenseits der Begriffe überhaupt gibt, kann die „Welt" nur mit Begriffen beschrieben und kommuniziert werden. Die Begriffsinhalte bezeichnen den Ausschnitt der Welt, den wir beobachten wollen.

Einige Beispiele aus der empirischen Religionssoziologie:
- Gottesglaube
- Religiosität - Kirchlichkeit
- Transzendenzbezug

Zunächst ist die Tatsache, dass wir versuchen, die Welt des Religiösen mit diesen Begriffen zu beschreiben, ein Ergebnis der Kommunikation mit der Theologie und - wenn man das Ergebnis betrachtet - mit der christlichen Theologie. Es gibt bisher keine Operationalisierungen (Messinstrumente, Fragebogen usw.), welche diese Begriffe unabhängig von einem Glaubenssystem messen können. So wäre der Transzendenzbezug im Hinduismus etwas völlig Anderes als im Christentum, Kirchlichkeit hat nur einen Sinn innerhalb von als Kirchen organisierten Religionen, die auch entsprechende Vorschriften haben.

Dies lässt sich am Beispiel der Frage nach dem Gottesglauben in der Europäischen Wertestudie demonstrieren: Die Formulierung der Frage geht auf theologische Überlegungen zurück, wobei in diesem Fall noch dazu kommt, dass die Worte in unterschiedlichen Sprachen und Kulturkreisen die gleichen Inhalte beschreiben sollen.[4]

Welche von diesen Aussagen kommt Ihren Überzeugungen am nächsten?	
1	*es gibt einen leibhaftigen Gott*
2	*es gibt irgendein höheres Wesen oder eine geistige Macht*
3	*ich weiß nicht richtig, was ich glauben soll*
4	*ich glaube nicht, dass es einen Gott, irgendein höheres Wesen oder eine geistige Macht gibt*

Quali di queste affermazioni si avvicina di più al Suo modo di pensare?	
1	*Essiste un Dio*

[4] Die Fragen stammen aus dem Fragebogen zur Europäischen Wertestudie 1990/1999; Ergebnisse für 1990 dazu: Zulehner/Denz 1993, 29f.

2	*Essiste una qualche forma di spirito o di forza vitale*
3	*Non so proprio cosa pensare*
4	*Penso che in realtà non essista nessun tipo di spirito o Dio o forza vitale*

Which of these statements comes closest to your beliefs?	
1	*There is a personal God*
2	*There is some sort of spirit or life force*
3	*I don't really know what to think*
4	*I don't really think there is any sort of spirit, God or life force*

Die Antwortalternativen wurden, wie meist in der am quantitativen Paradigma orientierten Forschung, deduktiv gewonnen. In der eher qualitativ orientierten Forschung würde man eher induktiv vorgehen und es den Befragten überlassen, die Begriffe zu finden, mit denen sie das von ihnen Gemeinte kommunizieren.[5] Damit sind wir aber wieder an einem ähnlichen Punkt wie im deduktiven Fall: Welches gemeinsame Alltagsverständnis von Begriffen benötigen wir, um die in diesem Fall sogar recht komplexen Inhalte zu kommunizieren? In unserer Kultur kann man davon ausgehen, dass ein christlich geprägtes Begriffssystem vorhanden ist. Zwei Beispiele sollen aber die Grenzen dieser Annahme aufzeigen:

In der ehemaligen DDR wurde eine Untersuchung zu Nahtod-Erfahrungen durch nichtstandardisierte Interviews gemacht.[6] Abgesehen vom inhaltlichen Ergebnis, dass diese Erfahrungen in der doch weitgehend atheistischen DDR ähnlich häufig sind wie im eher christlich geprägten westlichen Teil Deutschlands, gab es eine Erfahrung, die in diesem Zusammenhang wichtig ist. Die Betroffenen haben zur DDR-Zeit nicht über diese Erfahrungen gesprochen - nicht weil sie dachten, dass es etwas Falsches ist oder weil sie Angst hatten, sondern weil diese Erfahrungen im materialistischen Denkmodell nicht kommunizierbar waren, weil ihnen ein begrifflicher Rahmen fehlte, diese Erfahrungen zu deuten. Die Interviews zeigten, dass den Befragten auch heute noch weitgehend die Begriffe fehlen, um die Erfahrungen zu beschreiben. Bei einer zunehmenden Entchristlichung Europas werden derartige Kommunikationsprobleme alltäglich werden. Was werden wohl Werbung und Unterhaltungsin-

[5] In die Interpretation der Europäischen Wertestudie und auch der Langzeitstudie „Religion im Leben der Österreicher" werden Gruppendiskussionen und offene Interviews zu diesen Themen einbezogen.

[6] Schmied, I.: Jenseits der Grenze - Todesnäheerfahrungen in Ost- und Westdeutschland, in: Pollack, D., Pickel, G. (Hg.): Religiöser und kirchlicher Wandel in Ostdeutschland, Opladen 2000.

dustrie machen, wenn sie nicht mehr christliche Symbole als Allgemeingut annehmen können (Medienreligion)?

Im zweiten Beispiel geht es um einen Begriff aus einem anderen Kulturkreis, die Frage nach der Wiedergeburt. Auf die Frage „Glauben Sie an eine Wiedergeburt" antworteten 1990 in Österreich 24% mit ja, in Polen und Island sogar 32%. Eigentlich wissen wir überhaupt nicht, was diese Antworten bedeuten. Ganz sicher nicht Wiedergeburt im ursprünglich hinduistischen bzw. buddhistischen Sinne. Ganz wenige werden Wiedergeburt in diesem Sinne verstanden haben, manche werden sich schon vorstellen, dass sie nach dem Tod wieder auf dieser Erde geboren werden, aber ich bezweifle, dass der Großteil der Befragten das meinte, was wir nun interpretieren.

Eine längere Geschichte hat das Begriffspaar Religiosität-Kirchlichkeit hinter sich. In der Forschung nach dem 2. Weltkrieg wurde der Kirchgang als Indikator für Religiosität verwendet, der Begriff Kirchlichkeit kam noch nicht vor. Das war auch empirisch nicht falsch, denn christliche, vor allem katholische Religiosität drückte sich noch ziemlich ungebrochen im regelmäßigen Kirchgang aus. Doch im Laufe der Zeit wurde die Korrelation immer kleiner - heute ist sie je nach Indikator zwischen 0.35 und 0.38 mit wieder etwas steigender Tendenz (1994: zwischen 0.43 und 0.46).[7] Und so hat sich aufgrund der empirischen Befunde die Differenzierung der beiden Begriffe auch in der Theologie durchgesetzt.

Auch die Hypothesen, die wir überprüfen, sind nur ein kleiner Teil des Universums von möglichen Beziehungen. Diese Hypothesen sind sehr stark geprägt von einem christlichen Vorverständnis, sie sind geprägt von den allgemeinen Vorstellungen einer religiösen (meist sogar katholischen) Sozialisation. Vorteilhaft ist, dass damit ein theoretisch einigermaßen abgesichertes Modell (=Ausschnitt) der Wirklichkeit gebildet und erhoben werden kann. Problematisch ist die scheinbare Gewissheit. Änderungen in der Welt werden nicht oder nur verspätet wahrgenommen, weil die entsprechenden Variablen im Modell nicht berücksichtigt werden (siehe das obige Beispiel von Kirchlichkeit und Religiosität) und für andere Glaubensvorstellungen ist in diesen Modellen (fast) kein Platz (asiatische Religionen, Sekten, Esoterik)[8].

---

[7] Für Österreich vgl.: Zulehner, P.M./Denz, H./Beham, M./Friesl, C., Vom Untertan zum Freiheitskünstler, Freiburg-Basel-Wien 1991; Zulehner, P.M./Denz, H./Pelinka, A./Talos, E., Solidarität, Innsbruck-Wien 1997.

[8] In einer derzeit laufenden Studie zur Religiosität in Deutschland, machten die Interviewer/innen die Erfahrung, daß bereits Moslems kaum befragt werde konnten, obwohl die Studie mit einem sehr offenen und wenig strukturierten Leitfaden arbeitete.

Theoretische Dimension: Erklärungsmuster

Eine Reihe von wichtigen Erklärungsmustern der modernen Religiosität sind nicht von der Theologie entwickelt worden, sondern von den Sozialwissenschaften. Die Theologie konzentriert ihren Blick immer noch auf die Abweichungen von ihren Vorstellungen einer „richtigen“ Religiosität, was ihr den Blick auf das Neue zu verstellen scheint. Noch lange beschrieb die Theologie die heute in Westeuropa vorherrschende Form der Religiosität mit „Säkularisierung“ oder „Auswahlchristentum“. Die Sozialwissenschaften, die nicht von einem Defizitmodell ausgingen, prägten im Gegensatz dazu ganz andere Begriffe wie „religiöse Individualisierung“ (z. B. Pollack), Bastelreligion (Denz in Anlehnung an den Begriff der Bastelbiographie) und eröffneten damit den Blick auf das Neue und Konstruktive. Diese Begriffe werden jetzt auch weitgehend von der Theologie übernommen. Auch der Begriff der „unsichtbaren Religion“ (Berger) geht in die positive Richtung. Den Sozialwissenschaften fällt es offensichtlich leichter, das was ist zu konstatieren, während das normative Element in der Theologie den Blick auf das richtet, was nicht (mehr) ist.

Ein Beispiel für diese Situation ist eine Untersuchung unter den Teilnehmerinnen der Europäischen Frauensynode in Gmunden 1996. Es gab zwei Texte zu den Ergebnissen: Ein erster Text stellte vor allem das Defizit an kirchlichen Glaubensinhalten bei den Theologinnen fest sowie die Zustimmung zu einer Vielzahl von Fragen, die durch die kirchliche Lehre nicht gedeckt sind, z. B. Glaube an die Göttin, an die Reinkarnation, Naturreligionen usw. Der zweite Text konzentrierte sich auf das, was ist, und kam zum Ergebnis, dass die Mehrzahl der Frauen ein sehr hohes Maß an Religiosität aufweisen - allerdings eine sehr postmoderne Religiosität, in der Form, dass sie traditional-kirchliche und außerkirchliche Elemente selbstbewusst miteinander kombinieren.[9]

Eine letzte Frage: Wo sind aber die theologischen Vorgaben wichtig? Die Sozialwissenschaften könnten nicht die Abweichungen des Alltagslebens von den institutionellen Vorgaben (z. B. Glaubenssätze) messen, wenn es diese Normen nicht gäbe. Sie bilden also sehr wohl einen Bezugspunkt, weil die Abweichung von der Normativität eine soziologisch wichtige Kategorie ist.

---

[9] Dieser Text ist erschienen als: Denz, H.: Weibliches Denken über Religiosität und Kirchlichkeit, in: Prüller-Jagenteufel V. u.a. (Hg.): Frauen - Kirche - Feminismus, Graz - Wien 1998.

Schlussfolgerung

Theologisch-wissenschaftliche Sozialisation ist wichtig, weil diese Wissenschaft das begriffliche Instrumentarium zur Beobachtung eines bestimmten Teils der Lebenswelt entwickelt hat. Theologie als systematische Reflexion über den transzendenten Bereich der menschlichen Existenz und Soziologie als Reflexion über die soziale Existenz ergänzen sich, weil sehr viele gesellschaftliche Werte, Einstellungen und Handlungsmuster ohne den theologischen Hintergrund und damit ohne die der Gesellschaft eigene Auffassung von den Antworten auf diese transzendenten Fragen nicht verständlich wären: Wert des Lebens, Bedeutung von Familie und Arbeit, Rolle des Priesters, Totenbrauchtum usw. Die meist zur Theologie gehörende kirchliche Sozialisation ist allerdings nicht unproblematisch, weil sie - wie alle dogmatischen Systeme - den Blick auf die Wirklichkeit durch erlernte Muster und Vorstellungen von Richtig und Falsch verstellt. Ein Rückbezug der Theologie auf soziologische Kategorien, soziologische Deutungsmuster der Welt (auch die wissenssoziologische Analyse der Theologie selbst) und empirische Daten könnte für einen „weiten Blick“ und einen stärkeren Realitätsbezug hilfreich sein.

Anton A. Bucher

Braucht es Theologie für Erziehungswissenschaft und Ethikunterricht?

Braucht es heute noch theologische Fakultäten? Diese Frage stelle ich fokussiert auf den möglichen Beitrag der Theologie – unter der ich im folgenden die entsprechende akademische Praxis an Universitäten und Hochschulen verstehe – zunächst für die Erziehungswissenschaft im allgemeinen (Teil 1), sodann für die in Österreich an mehr als 50 Schulstandorten lancierten Schulversuche zum Ethikunterricht im speziellen (Teil 2). Dabei benütze ich die Gelegenheit, kurz über den neueren Stand in der Diskussion über dieses kontroverse Fach zu informieren.

Braucht Erziehungswissenschaft die Theologie?

Bildung, auch Werterziehung, gab es schon lange vor dem Christentum und damit vor der Theologie. Zu erinnern ist insbesondere an das griechisch-hellenistische Bildungsideal, die paideia,[1] die ins abendländisch-christliche Denken über Bildung einging. Geistesgeschichtlich ist aber auch ein enormer Einfluss der biblisch-christlichen Tradition auf das europäische Denken über Erziehung zu konstatieren. Die Bildungstheorien, wie sie in der Aufklärung klassisch formuliert[2] wurden, sind ohne die biblisch-christlichen Fundamente und ohne Theologie, insbesondere die protestantische, nicht denkbar. Momentan genießen sie wieder Renommee,[3] nachdem die empirisch-analytische Erziehungswissenschaft sie in den Hintergrund gedrängt hatte. Erinnert sei zunächst daran, „dass der Begriff der ‚Bildung', den wir im allgemeinen so ohne weiteres und unhinterfragt einem pädagogischen Kontext zuordnen, ursprünglich im Bereich der Religion zuhause war und in diesem Feld eine ganz bestimmte Inhaltlichkeit und Struktur transportiert hat";[4] sodann an den Anspruch auf *Bildung für alle* – und nicht nur für bestimmte Eliten –, hinter dem

---

[1] Jaeger, W.: Paideia. Die Formung des griechischen Menschen, Berlin 1973.

[2] Röhrs, H.: Bildungsphilosophie, Frankfurt/M. 1967.

[3] Nipkow, K.E.: Bildung als Lebensbegleitung und Erneuerung, Gütersloh 1990.

[4] Rupp, H.F.: Religion – Bildung – Schule. Studien zur Geschichte und Theorie einer komplexen Beziehung, Weinheim 1994.

das Theologumenon der gleichen Würde aller Menschen steht. Erinnert sei ferner an den Topos, wonach Bildung die Gewinnung einer unverwechselbaren Ich-Identität anzielt, hinter dem der Glaube an die individuelle Seele steht. Auch Bildung als Vervollkommnung des dem Menschen von Natur Gegebenen – „perfectibilité" bei Rousseau – hat biblische Wurzeln und erinnert an den Topos der Gottebenbildlichkeit des Menschen.[5] Und nicht zuletzt ist es die Wertschätzung des Kindes – spätestens seit der am Kind orientierten Reformpädagogik ein Habitus der Erziehungswissenschaft –, die wesentlich von Jesus von Nazareth mit inspiriert wurde. In einer Zeit, in der die Achtung vor Kindern gering und ihre Rechtsstellung wenig sicher war (patria potestas), stellte er das Kind in die Mitte und erhob es zum Vorbild.[6] An diesen Topos knüpften ReformpädagogInnen wie Maria Montessori Jahrhunderte später wieder an.

Wenn Theologie als Mutter der Wissenschaften bezeichnet wurde, dann kann die Pädagogik zumindest partiell als ihre „Tochter" gelten. Zum Wesen der Mutterschaft gehört aber auch, dass Kinder erwachsen und mündig werden. Genau dies geschah mit der Pädagogik, die zwar sehr viel biblisch-christliches Erbe in ihren Adern hat, sich aber im Zuge der Neuzeit und Moderne aus der „mütterlichen" Umarmung der Theologie löste. Übrigens nicht ohne Konflikte, wie sie im Mutter-Kind-Verhältnis in der Adoleszenz gehäuft auftreten. Die sich im neunzehnten Jahrhundert etablierende universitäre Pädagogik verstand sich überwiegend als eine Anwältin der Menschenrechte und der aus der Aufklärung hervorgegangenen Freiheitsrechte, die von der kirchlichen Theologie, die die Modernisierung scheute und ängstlich auf Machterhalt bedacht war, als Teufelswerk abgelehnt wurden.

Viele PädagogInnen der Gegenwart haben die historischen Wurzeln ihrer Disziplin im Nährboden von Bibel und Theologie vergessen. Das Gespräch zwischen Theologie und Erziehungswissenschaft ist – die Zwitterdisziplin Religionspädagogik ausgenommen, die aber überwiegend der Theologie zugeordnet wird und hinsichtlich ihrer Wissenschaftlichkeit (empirische Fundierung etc.) Nachholbedarf hat – „weitgehend zum Erliegen gekommen".[7] Erziehungswissenschaftliche Institute sind auf theologische Fakultäten am ehesten noch deshalb angewiesen, um LehramtstudentInnen für Religionsunterricht in ihre Veranstaltungen zu bekommen. Es ist problemlos möglich, wissenschaftliche Päd-

[5] Vgl. dazu: Biehl, P.: Die Gottebenbildlichkeit des Menschen und das Problem der Bildung, in: Ders.: Erfahrung, Glaube und Bildung, Gütersloh 1991, 124-223.

[6] Müller, P.: In der Mitte der Gemeinde. Kinder im Neuen Testament, Neukirchen 1992.

[7] Rupp 1994, 20; vgl. auch: Mette, N.: Religionspädagogik und Pädagogik, in: Ziebertz, H.G./Simon W. (Hg.): Bilanz der Religionspädagogik, Düsseldorf 1995, 111-118.

agogik zu betreiben, ohne dass theologische Institute vor Ort sind oder mit ihnen korrespondiert und kooperiert wird. Pädagogik hat sich im Modernisierungsprozess freigesetzt und nimmt die Theologie – trotz ihrer ursprünglichen Mutterrolle – kaum mehr zur Kenntnis. Ausnahmen wie Jürgen Oelkers[8] und Fritz Oser[9] bestätigen die Regel.

Allerdings gereicht es der Pädagogik auch zum Schaden, wenn sie ausblendet, was in der menschlichen Existenz als Transzendenz anwest. Oelkers hat recht wenn er sagt, das tiefste innerweltliche Problem der Pädagogik sei der Tod (speziell von Kindern), der pädagogische Kalküle immer wieder durchkreuzt und zunichte macht.[10] Sind es Immunisierungsgründe, die zur Ausklammerung dieser Dimension geführt haben? Dies insbesondere in der empirisch-analytischen Erziehungswissenschaft und weniger in der geisteswissenschaftlichen Pädagogik. Jedenfalls ist es existenziell weniger beunruhigend, die Korrelationen zwischen Mathematikleistungen und entsprechenden Förderprogrammen zu überprüfen als sich der grundsätzlichen Frage auszusetzen, welchen Sinn pädagogisches Handeln und Sich-Aufopfern letztlich hat, wenn doch allen Erziehenden und Erzogenen bestimmt ist, zu sterben.

Allerdings ist Theologie nicht die einzige Größe, die auf Transzendenz hin offen ist. Das sind letztlich alle Menschen, insofern sie sich von den großen Fragen bewegen lassen und erkennen bzw. erahnen, wie tief und abgründig das Geheimnis des Seins ist. Wir befinden uns als Staubkorn am Rande einer Galaxie, die ihrerseits ein Staubkorn ist. Wir leben in einem Strom der Evolution, in dem schon trilliardenfach gezeugt und geboren, gelitten und gestorben wurde. Theologie kann solche Transzendenz sogar verbauen, wenn sie vorschnell ein Gestell fertiger Antworten zwischen den Menschen und das Sein schiebt.

Dennoch kann diese Disziplin auch für Transzendenz sensibilisieren und eine Advokatin dafür sein, was Hartmut von Hentig zufolge zu einer humanen Schule gehört:[11] Dass sie die Zeit und die Möglichkeit einräumt, auch die Fragen nach Sinn und Transzendenz zu erörtern, wie sie gerade Kinder, förmlich kleine Philosophen, ebenso erfrischend wie herausfordernd stellen können.[12] Freilich stellt sich sogleich die Frage, von welcher Theologie dies zu erwarten

---

[8] Oelkers, J.: Religion: Herausforderung für die Pädagogik, in: Zeitschrift für Pädagogik 38 (1992), 185-193.

[9] Oser, F.: Wie viel Religion braucht der Mensch? Erziehung und Entwicklung zur religiösen Autonomie, Gütersloh 1988.

[10] Oelkers 1992, 188.

[11] Hentig, H. von: Was ist eine humane Schule? München 1976.

[12] Zoller, E.: Die kleinen Philosophen. Vom Umgang mit schwierigen Kinderfragen, Zürich 1991.

ist? Sicherlich nicht von einer, die die Errungenschaften der Moderne nicht nachvollzogen hat, sich einem autokratischen Lehramt kritiklos unterordnet und schlimmstenfalls noch eine Erziehungsdoktrin wie das Opus Dei vertritt, die nicht Bildung – im Sinne von Selbstbestimmung – anzielt, sondern gänzliche Heteronomie unter geistlichen Vätern.[13] Schon eher von einer, die aus dem reichen Erbe biblischer Hoffnungsgeschichten Rat gibt und zuvor überhaupt hinhört auf das, was Menschen in der Tiefe ihres Herzens beschäftigt und umtreibt, und die sich weniger am Buchstaben des Gesetzes als vielmehr am Geist der Frohbotschaft orientiert.

Theologie und Ethikunterricht

Braucht es Theologie für das in Österreich an mehr als 50 Schulstandorten probeweise eingeführte neue Schulfach Ethik? Es ist erfreulich, dass, 25 Jahre nach Bayern und anderen deutschen Bundesländern, Ethik lanciert wurde. Bis dato wurde argumentiert, diesbezüglich bestehe kein Handlungsbedarf, weil in der Alpenrepublik die Abmeldungen vom Religionsunterricht marginal seien.[14] Allerdings gab es Klassen, in denen sich schon seit Jahren bis zu 50% der SchülerInnen abgemeldet hatten, zumal an Bundes-Oberstufenrealgymnasien und an Oberstufen der Allgemeinbildenden Höheren Schulen (AHS). Hinsichtlich der ethischen Bildung dieser SchülerInnen hielt die Kirche dafür, der Staat solle tätig werden. Dessen Bildungsverantwortliche hingegen zögerten, um die Kirche nicht mit einem alternativen Angebot zu konkurrenzieren – und möglicherweise zu verärgern. Nicht zuletzt deshalb insistieren Bildungspolitiker wie auch Amtsträger der Kirche darauf, Ethik als Ersatzpflichtgegenstand zu deklarieren und keinesfalls, was Gleichwertigkeit insinuieren würde, als Alternativfach. Soweit bisher zu ersehen ist, stabilisiert auch in Österreich der Ethikunterricht den Religionsunterricht; die Abmeldungszahlen an den Schulstandorten mit Ethik-Schulversuchen sinken, teils drastisch.

Die Frage nach der Bedeutung der Theologie für den Ethikunterricht war bis zum 3. Oktober 1999 wesentlich brisanter, weil das Liberale Forum dafür votierte, einen allgemeinen Ethik- bzw. Religionskunde-Unterricht an Stelle des kirchlich verantworteten konfessionellen Religionsunterrichts zu setzen. Sie kann schnell beantwortet werden: *Theologie braucht es für Ethikunterricht nicht zwingend und allenfalls partiell.* Nicht nur, weil Ethikunterricht – zumindest in den laufenden Schulversuchen – weniger von SchülerInnen ohne

[13] Vgl. dazu Bucher, A.A.: Braucht Mutter Kirche brave Kinder? Religiöse Reifung contra kirchliche Infantilisierung, München 1997.

[14] Mann, Ch.: Ersatzunterricht in Österreich? Nüchterne Fakten zur Beruhigung der Diskussion in den CPB 104 (1991). In: Christlich-Pädagogische Blätter 104 (1991), 110-115.

Bekenntnis, sondern mehrheitlich von SchülerInnen besucht wird, die nach wie vor der katholischen Kirche angehören, sich aber vom Religionsunterricht abgemeldet haben.

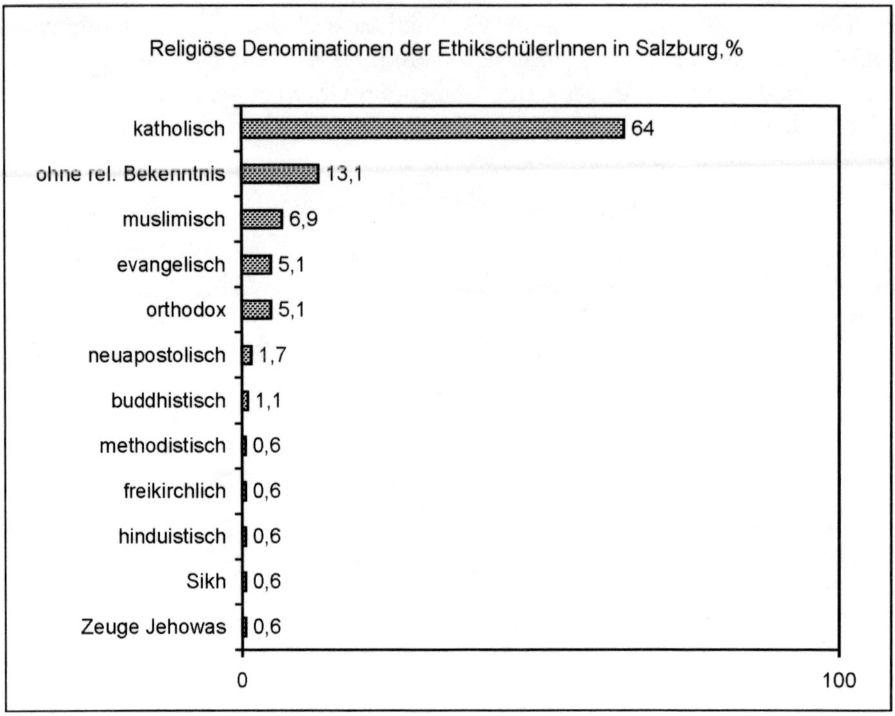

Das häufigste Motiv, sich in Ethik anzumelden, war ein als unbefriedigend, fad und veraltet erlebter Religionsunterricht, sodann generelles Desinteresse an allem, was mit Religion und Kirche zu tun hat, das umso häufiger ist, je spärlicher die religiöse Sozialisation im Elternhaus war, und schließlich Neugierde, die sich legen wird.[15]

Theologische Fakultäten können nicht überzeugend den Ethikunterricht für jene SchülerInnen einfordern, die abgelehnt haben, worauf sie selber vorbereiten, nämlich die Erteilung von katholischem Religionsunterricht. Dabei

[15] Bucher, A.A.: Warum SchülerInnen in Salzburg am Ethikunterricht teilnehmen und was sie sich von ihm erwarten? In: schulheft; einFach Ethik, Wien 84-92.

kann strittig bleiben, inwieweit dieser Unterricht noch katholisch ist bzw. wie sehr er es sein soll.

Es ist auch nicht notwendig, dem Ethikunterricht Theologie zugrunde zu legen, weil es einen ethischen Kernbestand für ein Curriculum gibt, der, an den Grund- und Menschenrechten orientiert, auch politisch weitgehend konsensfähig und nicht religiös bekenntnisgebunden ist. Überblickt man die Präambeln der Lehrpläne Ethikunterricht in den deutschen Bundesländern sowie an den österreichischen Schulstandorten, so begegnen als Zielsetzungen regelmäßig Mündigkeit in der Lebensgestaltung und im ethischen Urteilen, Kompetenz zur Solidarität, Rollenübernahme und Empathie, ökologisches Verantwortungsbewusstsein, Toleranz gegenüber anderen Religionen und Weltanschauungen, die Würde des Lernenden bzw. des Kindes etc. Eine Fachdidaktik Ethik braucht als Bezugsdisziplin nicht zwingend eine bekenntnisgebundene Theologie, sondern eine Moralpädagogik, die biblisch-christliches Erbe, wie es unsere Lebenswelt nach wie vor prägt, in sich aufgenommen hat und sich zu Werten wie Solidarität, Würde aller Menschen, insbesondere der Kinder, sowie zu den Grund- und Menschenrechten bekennt. Ein solcher Ethikunterricht ist nicht, wie gelegentlich unterstellt, weltanschaulich neutral sowie „postmodern“ beliebig – davon abgesehen, dass eine präzise Postmoderne nicht Standpunktlosigkeit, Gleich-Gültigkeit und anything goes bedeutet[16] –, sondern eine Selbstbindung an Normen impliziert.

Einen Beitrag für den Ethikunterricht können theologische Fakultäten insofern leisten, als die meisten Lehrpläne auch in Österreich die Thematisierung der Weltreligionen sowie der Christentumsgeschichte, aus der unsere Kultur wesentlich hervorgegangen ist, ausdrücklich vorsehen. Bedingung dafür ist jedoch, dass an den Fakultäten die entsprechenden religionswissenschaftlichen Kompetenzen vorhanden sind. Allerdings werden genau die Weltreligionen von den EthikschülerInnen des Bundeslandes Salzburg nicht als sonderlich wichtige Themen des Ethikunterrichts eingestuft.

[16] Welsch, W.: Unsere postmoderne Moderne, Berlin ^{5}1997

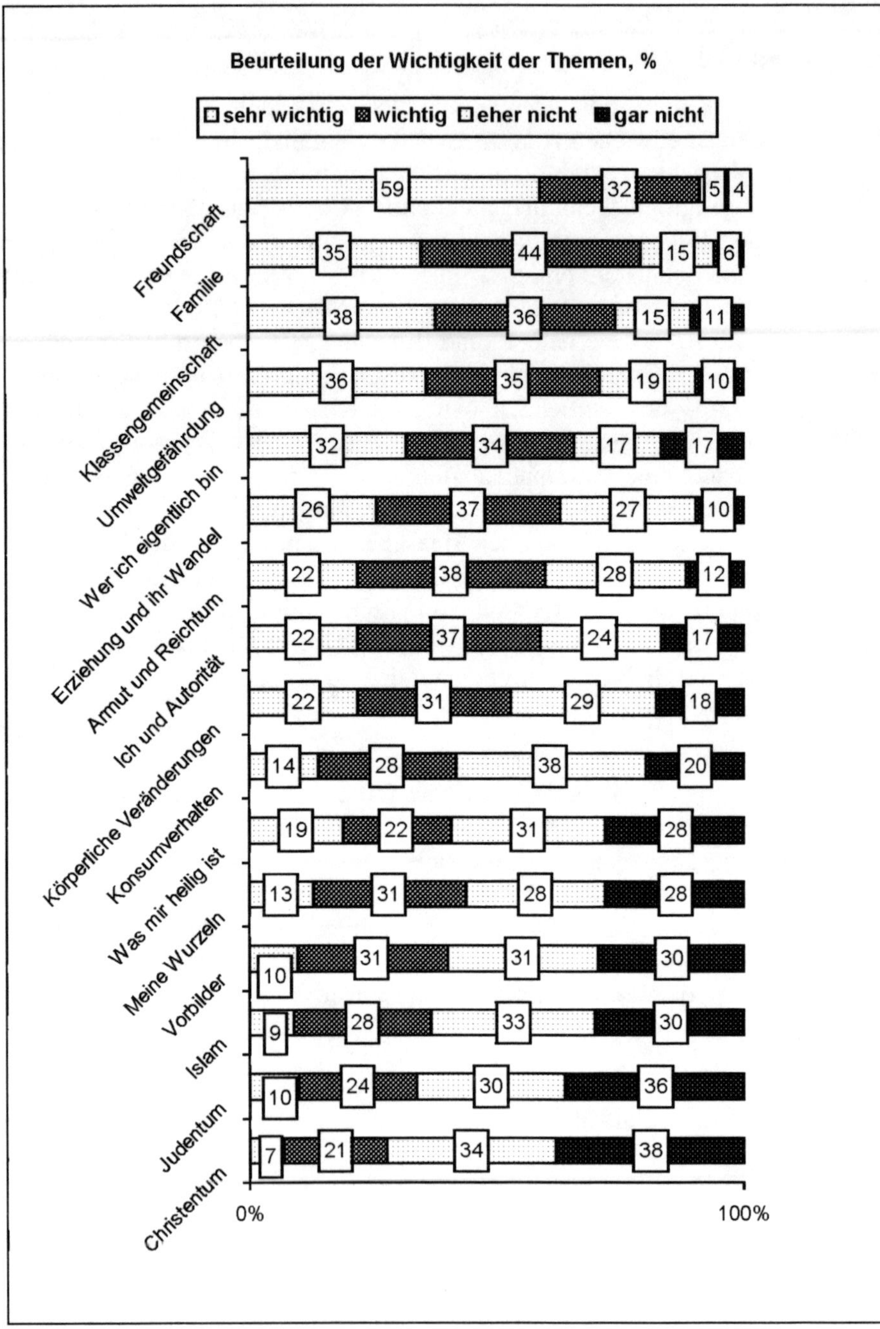
Beurteilung der Wichtigkeit der Themen, %
sehr wichtig
wichtig
eher nicht
gar nicht
Freundschaft
Familie
Klassengemeinschaft
Umweltgefährdung
Wer ich eigentlich bin
Erziehung und ihr Wandel
Armut und Reichtum
Ich und Autorität
Körperliche Veränderungen
Konsumverhalten
Was mir heilig ist
Meine Wurzeln
Vorbilder
Islam
Judentum
Christentum
59 32 5 4
35 44 15 6
38 36 15 11
36 35 19 10
32 34 17 17
26 37 27 10
22 38 28 12
22 37 24 17
22 31 29 18
14 28 38 20
19 22 31 28
13 31 28 28
10 31 31 30
9 28 33 30
10 24 30 36
7 21 34 38
0%
100%

Für am wichtigsten halten die SchülerInnen Themen aus ihrem sozialen Nahbereich, für am wenigsten wichtig die drei großen monotheistischen Weltreligionen. Gewiss dürfen auch in der Erstellung eines Ethik-Curriculums die Präferenzen der SchülerInnen niemals *die* norma normans sein. Will aber Ethikunterricht die Probleme der SchülerInnen ansprechen und erreichen, was sie wirklich bewegt, dann sind ihre Präferenzen als eine Variable neben zahlreichen anderen – insbesondere bildungsphilosophischen Reflexionen – mitzubedenken.

Sollten theologische Fakultäten für die Ethik-Lernfelder „Ethos in den Weltreligionen" bzw. Religionskunde zuständig werden, müssten aber spezielle religionswissenschaftliche Institute geschaffen werden, die aus dem Konkordat herausgenommen sind. Es grenzte an Arroganz, wollte ein katholisches Lehramt das nihil obstat für einen Islamisten aussprechen (oder verweigern), oder die Rechtgläubigkeit eines Spezialisten für fernöstliche Religionen prüfen. Solche autonomen religionswissenschaftlichen Institute, obschon sie zahlreichen BildungspolitikerInnen plausibel erscheinen, sind binnenkirchlich momentan jedoch nicht erwünscht. Sie könnten aber zahlreiche Studierende anziehen, die an den religiösen Phänomenen in ihrer großen Mannigfaltigkeit und Aktualität interessiert sind und die beispielsweise für einen Sozialberuf die religiösen Hintergrundtraditionen von Asylsuchenden aus fremden Kulturen kennen lernen möchten.

Einen inhaltlichen Beitrag für den Ethikunterricht könnten theologische Fakultäten auch bei weiteren Themen leisten, etwa der Gottesfrage sowie der Religionskritik. Sodann sollte auch bei ethischen Grenzfragen wie Gentechnologie, Euthanasie etc. der moraltheologische Standpunkt eingebracht werden, nicht jedoch als die richtige Sichtweise schlechthin. Die Moraltheologie, wie sie heute üblicherweise praktiziert wird, ist ohnehin nicht mehr kasuistisch-präskriptiv, sondern befähigt dazu, ethische Probleme zu qualifizieren, zu artikulieren und Kriterien zu entwickeln, um sie zu analysieren.

Einige wenige Inhalte der Ethik-Curricula ausgenommen, ist es also möglich, Ethikunterricht ohne Religionswissenschaft und erst recht ohne lehramtlich kontrollierte Theologie zu konzipieren. Entsprechend dürfte eine universitäre Ausbildung zum/zur EthiklehrerIn niemals ausschließlich an einer Theologischen Fakultät domiziliert werden, sondern am ehesten an einem interfakultären Institut. Als Bezugsdisziplinen relevant wären Pädagogik (speziell Moralpädagogik), Psychologie (speziell Moral- und Entwicklungspsychologie), Naturwissenschaften (speziell Ökologie), Philosophie (speziell Praktische Philosophie und Ethik), Soziologie (speziell bezogen auf Kinder und Jugendliche heute), und nicht zuletzt Religionswissenschaft.

Es ist nicht absehbar, wann – wenn überhaupt – ein Schulfach Ethik flächendeckend eingeführt wird. 1974 wären die finanziellen Mittel da gewesen, aber es fehlten – im Unterschied zu deutschen Ballungsgebieten – die SchülerInnen. Momentan verschlingen laufende Personalausgaben das Budget des Unterrichtsministeriums fast zur Gänze. Mittel- und langfristig ist aber zu bedenken, dass die Kirchenbindungen rückläufig sind. Die Quoten der SchülerInnen ohne religiöses Bekenntnis steigen. Setzt sich der Trend linear fort, werden in gut 30 Jahren die ChristInnen in Österreich nicht mehr in der Mehrheit (über 50%) sein. Spätestens dann wird sich der Staat überlegen müssen, wie er es mit dem Zielparagraphen 2 im Schulorganisationsgesetz halten will, wonach die Schule „an der Entwicklung der Anlagen der Jugend nach den sittlichen, religiösen und sozialen Werten" mitzuwirken hat.

Günter Virt

Ethik in der Medizin als indirekte Theologie

Persönliche Erfahrungen

Die Gründung eines interdisziplinären Instituts für Ethik in der Medizin an der Universität Wien - das erste medizin-ethische Kompetenzzentrum an einer österreichischen Universität - ist Frucht eines seit 1993 anhaltenden gesellschaftspolitischen Engagements. Manche empfanden es als erstaunlich, dass ein Theologe sich dieses sensiblen Bereiches in einer weltanschaulich pluralen, der Wissenschaft verpflichteten Großinstitution annahm, andere wiederum spürten, dass die Theologie eine der wenigen integrativen Disziplinen geblieben ist, in einem immer mehr von Spezialistentum geprägten Wissenschaftsbetrieb. Eine wichtige Voraussetzung war meine jahrelange Tätigkeit und Mitarbeit in der Ethikkommission der medizinischen Fakultät der Universität Wien, die Einblick in die Schwerpunkte, Gesetzmäßigkeiten und Standards der medizinischen Forschung am Menschen gewährte. Dazu kam die fallweise Arbeit in Ethikkommissionen in Ministerien, in denen einschlägige Gesetzesmaterien, wie z. B. das Fortpflanzungsmedizingesetz, beraten wurden, oder in Expertenkommissionen, die sich mit Krisenbewältigungen befassten, z. B. nach Patientenmorden im Altersheim Lainz in Wien. Sehr bald kamen die ersten Anfragen zur Mitwirkung in der parlamentarischen Enquetekommission zur Vorbereitung des Gentechnikgesetzes und dann die Mitarbeit als Experte im parlamentarischen Ausschuss zur Novellierung dieses Gesetzes nach dem diesbezüglichen Volksbegehren, sowie die Mitgliedschaft in der Gentechnikkommission des Bundeskanzleramtes.

Auf europäischer Ebene kam die Aufgabe hinzu, den österreichischen Standpunkt zur Biopatentrichtlinie der EU mitzuberaten, sowie Österreich bei einem ersten Treffen der Vorsitzenden der nationalen Ethikkomitees mit dem Kommissionspräsidenten zu vertreten. Die Mitwirkung bei der Ausarbeitung und die Durchführung eines EU-Projektes zur Präinplantationsdiagnostik folgten. Vom Europarat kam 1998 der Auftrag, ein Dokument über den Schutz der Menschenrechte und der Würde terminal Kranker und Sterbender zu verfassen und im Gesundheits- und Sozialausschuss des Europarates vorzustellen. Im

Juni 1999 wurde dieses Dokument in der parlamentarischen Versammlung des Europarates mit großer Mehrheit angenommen.

Immer wieder gilt es aktuelle medizinethische Probleme, die die Gesellschaft bewegen, in Forschungsgesprächen aufzugreifen und zu behandeln - zuletzt die Vorschläge zur Neufassung der sogenannten Helsinki-Deklaration des Weltärztebundes, die für die Ethikkommissionen, die medizinische Forschung am Menschen beraten, weltweite Richtlinie ist. Langfristig hat auch die Ausbildung von Lehrenden in der Medizinethik in allen Heilberufen gesellschaftspolitische Bedeutung. Wie steht es nun um den gesellschaftlichen und kirchlichen Kontext dieses Engagements?

Der gesellschaftliche und kirchliche Kontext.

Die neuzeitlichen Differenzierungsprozesse haben nicht nur für die Gesellschaft, sondern auch für die ethische Reflexion und das Verhältnis von Kirchengemeinschaft und politischer Ordnung neue Bedingungen geschaffen. Die Moderne betonte die Eigenständigkeit und in diesem Sinn Autonomie der verschiedenen Dimensionen menschlichen Handelns und Gestaltens und damit auch der Ethik gegenüber dem Glauben, wenn auch in intensiv wechselseitiger Bezogenheit. Die Kirche hat am Zweiten Vatikanischen Konzil mehrfach von der Autonomie der irdischen Wirklichkeiten gesprochen, ohne die Ethik ausdrücklich mit einzubeziehen. Es wäre aber naiv zu meinen, dass die theologische Ethik auf Dauer von diesen Einsichten unbetroffen bleiben könne und diese Prozesse sich rückgängig machen ließen. Dass dies zu mannigfaltigen Spannungen zwischen Moraltheologie und Lehramt, aber auch unter den Moraltheologen selber führt, davon sind wir Zeugen. Dass das Lehramt derzeit zu wenig den Dialog mit den verschiedenen Ansätzen der Moraltheologie führt, ist nur eine, allerdings nicht unwesentliche Facette dieser Problematik.

Es dürfte immer mehr zum Konsens werden, dass ethische Aussagen nicht einfach in einem syllogistischen Deduktionsverfahren aus Glaubenssätzen abzuleiten sind und dass das ethische Einmaleins der praktischen Vernunft für alle Menschen gilt. In diesem Sinn kann eine Retheologisierung der Ethik nicht erwartet werden. Dass sich die Suchprozesse der praktischen Vernunft allerdings niemals im luftleeren Raum abspielen, sondern immer in einer intensiven Wechselwirkung mit dem weltanschaulichen Horizont stehen, aus dem heraus jemand oder eine Gruppe denkt, wird oft zu wenig bedacht. Gerade in einer pluralistischen Gesellschaft gehört es zur Redlichkeit des ethischen Dialogs, das eigene „Glaubensvorverständnis“ auch offenzulegen, nicht um über den Gesprächspartner Macht auszuüben, sondern um ihn seinerseits einzuladen, über sein Vorverständnis nachzudenken. Aber dennoch bleibt gültig, dass Ethik nicht Glaube ist. Moraltheologie ist nach einem Wort von J. S. Drey umgewandte aber gerade nicht angewandte Dogmatik. Letztere ist dann nicht direkt, sondern eher indirekt wirksam.

Ethik ist aber auch nicht Politik und Politik nicht Ethik. Freilich muss Politik sowohl in ihren Inhalten als auch in ihren formalen Prozessen nach ethischen Maßstäben beurteilt werden, aber beide sind eigenständige, wenn auch aufeinander bezogene Wirklichkeiten. Dies hängt nicht nur mit der faktischen Unmöglichkeit zusammen, dass eine Gruppe ihre ethischen Vorstellungen allein durchsetzen kann, sondern mit der grundlegenderen Einsicht, dass es die Aufgabe des modernen Verfassungsstaates ist, die Freiheit der einzelnen Bürger und Gruppen zu garantieren. Zur Einsicht in ethische Wahrheit kann auch niemand gezwungen werden, ethische Wahrheit ist immer nur in Freiheit anzunehmen.

Viele Konflikte in der Gesellschaft aber auch in der Kirche rühren daher, dass die ethischen Regelungen und die rechtspolitischen Regelungen oft nicht unterschieden werden. So ist es durchaus möglich, dass auch die gleiche ethische Position zu unterschiedlichen rechtspolitischen Regelungen führen kann. Selbst innerhalb der gleichen Glaubensgemeinschaft können sehr unterschiedliche Einschätzungen bestehen, wie die Würde aller an einer Problemregelung Beteiligten am effizientesten gewahrt wird: etwa bei Entscheidungen über den Einsatz der medizinischen Technik (vor allem am Lebensende), eine effiziente Schwangerschaftskonfliktberatung, die Arbeitsplatzpolitik und die Fremdenpolitik. Diese Differenzierungen zu beachten ist für ein kluges Einbringen von Inhalten und Anliegen christlicher Ethik in die Politik unumgänglich.

Nun meinen aber viele, dass wir uns in einer Epoche mit einem neuen Modernisierungsschub befinden, der oft mit der Etikette „postmodern“ versehen wird. Dieser Begriff ist alles andere als eindeutig, als problemindikatorischer Begriff aber weitgehend akzeptiert.

Durch den interkulturellen Austausch, hervorgerufen durch große Migrationsbewegungen ebenso wie durch den Massentourismus, durch den Wohlstand vieler Menschen, der immer mehr Güter als erstrebenswert und auch erreichbar scheinen lässt und viele andere Faktoren, entsteht eine neue Pluralisierung von Wertungen. Der Diagnose „Wertverlust“ liegt eine verkürzte Sicht der beschriebenen Vervielfältigungen von Wertungsvorgängen und Wertungsinhalten zu Grunde. Die Vervielfältigung führt nicht zu Werteverlust sondern zur

Forcierung des Pluralismus, der nicht etwa nur die Gesellschaften in einem zusammenwachsenden Europa, sondern auch die eigene comunity betrifft und schließlich zu einer Pluralisierung innerhalb der eigenen Existenz führt. Dies bedeutet aber eine höhere Zumutung an die eigene Lebensorientierung und ist sicher eine der Ursachen der gegenwärtigen Ethikkonjunktur.

Zugleich aber stellt sich die Frage, wie viel Pluralismus ein Mensch aushält, ohne für einfache Lösungen fundamentalistischer oder totalitärer Art anfällig zu werden. Ein Anzeichen für diese Gefahr ist die Tatsache, dass die Wahrnehmung von verschiedenen Lebensstilen und Moralvorstellungen nicht mehr Toleranz und Verständnis für Andersartige und Fremde hervorbringt, sondern im Gegenteil immer mehr Unverständnis und eine Zunahme totalitärer Bewegungen konstatiert werden muss. Der Druck, die eigene Identität durch Abgrenzungen zu sichern, wird immer mehr zum Bedürfnis. Universale Regelungsdefinitionen, die die Moderne kennzeichnen, wie zum Beispiel die Menschenrechte oder der demokratische Rechtsstaat, werden immer schwieriger durchzusetzen.

Der „Mehrwert" der Theologie

Wo liegt der *Mehrwert der Theologie* in diesem Prozess? Dieser liegt meines Erachtens nicht in dieser oder jeder Einzelnorm, die nur theologisch begründet werden kann. Die Methoden ethischer Urteilsfindung in der praktischen Vernunft haben ihre eigene Logik. Inmitten der vielfältigen und unausweichlichen Abwägungsprozesse in den oft sehr konfliktbeladenen Handlungsbereichen liegt der Beitrag der Theologie in einer entsprechenden Gewichtung der in Konkurrenz stehenden Güter auf dem Hintergrund des christlichen Menschenbildes. Dieses christliche Menschenbild ist aber seinerseits nicht fertig, sondern nach vorne offen und angewiesen auf den interdisziplinären Dialog sowie darauf, in der Konkretisierung weiter zu lernen. Theologie als wissenschaftliche Reflexion von gelebter Glaubenserfahrung ist immer auf diese Erfahrungsbasis angewiesen. Gerade in einer Demokratie muss das formale Ethos von einzelnen und Gruppen gefüllt werden. Hier kann beispielsweise auf positive Erfahrungen etwa in der Hospizbewegung zurückgegriffen werden, die im christlichen Kontext entstanden ist. Theologische Ethik hat hierbei die Aufgabe, die moralischen Argumentationen und die anthropologischen Implikationen zu überprüfen.

In diesem zweiten Modernisierungsschub der „Postmoderne" wird Religion nicht grundsätzlich unwichtig, aber immer mehr aus dem Bereich des Politischen und Gesellschaftlichen abgeschoben. Religion wird von einem Faktor des Mitentscheidens zu einem Faktor eher indirekten Einflusses auf den politischen Entscheidungsprozeß. Dieser wird immer komplexer und die Rolle der Religion verliert darin ihre Eindeutigkeit - ihre Wirkungen zeigen sich eher indirekt.

Gerade angesichts dieser Tatsache hat der theologische Ethiker darauf zu achten, dass er nicht als Alibi oder Feigenblatt funktionalisiert wird. Auch die Gefahr einer Flucht aus der Theologie ist gegeben und zwingt dazu, erneut und vertieft über die theologischen Wurzeln nachzudenken und zugleich Theologisches in nichttheologischer Sprache zu artikulieren. Als ein konkretes Erfahrungsbeispiel möchte ich die Beratung in der Enquetekommission zur Erarbeitung des österreichischen Gentechnikgesetzes nennen. Ich habe versucht, mein Glaubensvorverständnis offenzulegen mit der Einladung an die Gesprächspartner, über ihr eigenes Vorverständnis, mit dem sie an die Fragen herangehen, nachzudenken - ein Reflexionsprozess, der meistens zu kurz kommt. In diesem Zusammenhang hat der Versuch, die biblische Schöpfungsbotschaft in ihren wesentlichen Punkten zusammenzufassen, höchste Aufmerksamkeit erregt. Sicher kommt in der gegenwärtigen öffentlichen Diskussion die Fehlbarkeit und der Umgang mit Schuld zu kurz. Dies hängt vermutlich auch mit der Unfähigkeit der Kirche zusammen, mit der Erfahrung von Fehlbarkeit und Schuld in der eigenen Institution glaubwürdig umzugehen.

Trotz aller konfessionellen Partikularität hat das Christentum immer auf ethische Universalität gedrängt und muss dies auch weiterhin tun. Das Christentum weist ein Ethos auf, das den Anspruch erhebt, universal, das heißt auch einsichtig argumentierbar und vernünftig vermittelbar zu sein. Wenn der Apostel Paulus sagt, dass das Wort vom Kreuz denen, die verloren gehen Torheit ist, uns aber, die gerettet werden Gottes Kraft (1 Kor 1, 18), so steht dies dazu nicht im Widerspruch. Diese Aussage bezieht sich auf die grundlegende Existenzweise des Christen in dieser Welt, nicht aber auf einzelne ethische Normen für das gesellschaftliche Zusammenleben.

Anders als die meisten Religionen hat der biblisch fundierte Glaube ein Gesellschafts- und Geschichtskonzept, und diese müssen der Bewährung ausgesetzt werden. Der Glaube an den guten Schöpfer einer guten Schöpfung und an die Inkarnation verbietet eine dualistisch-manichäische Aufspaltung der einen Wirklichkeit. Dieser biblisch begründete Glaube verweist daher auch auf die Politik, in der die Schöpfungsmacht und Liebe Gottes in der Freiheit der Annahme und Autonomie der Geschöpfe gegenwärtig sein soll. Es wäre naiv zu meinen, dass die Kirche im Laufe der Geschichte nicht selbst massiv Politik betrieben habe. Das Ringen um die Befreiungstheologie zeigte eine eminent kirchenpolitische Komponente um die Frage, ob die Kirche politisches Engagement bloß jenen Hierarchen überlässt, die traditionell auf Seite der Reichen standen, oder ob sich die Kirche unter dem Anspruch der Bibel wirklich ernsthaft auf eine vorrangige Option für die Armen einlässt. Auch theologisch-ethisches Engagement lässt sich im Politischen nicht ohne eine gewisse Lobby und ein sich Einlassen auf die Gesetzmäßigkeiten des Politischen zum Tragen bringen. Die schwierige Gratwanderung besteht darin, die große eschatologische Vision auch in ihrer politischen Ausprägung als Civitas Dei, wie etwa bei Augustinus, in die alltäglich konkrete Suche um Orientierung einzubringen, ohne christliche Substanz preiszugeben. Es geht darum, mit Vernunftgründen die theologisch-ethische Orientierung so zu vertreten, dass sie in der Gesellschaft und im politischen Prozess Plausibilität, Zustimmung und Anerkennung finden kann. Dieser Übersetzungsvorgang ist schwierig genug und sicher nicht ohne Unsicherheiten und auch Irrtümer möglich, aber man sollte denen, die sich darum bemühen, nicht durch Intrigen und Denunziationen auch noch in den Rücken fallen.

Die theologische Ethik hat hierbei nicht nur Motive, sondern auch Inhalte einzubringen, die alle mit dem christlichen Menschenbild zusammenhängen. Gerade in den vielfältigen Möglichkeiten der modernen Biotechnologie und den menschenbildlichen Konnotationen, die oft sehr indirekt damit einhergehen, gilt es dafür zu sorgen, dass der Mensch in allen Phasen seines Lebens als Person wahrgenommen wird. Die schwierige Aufgabe für eine theologische Ethik besteht darin, dafür zu sorgen, dass personale Logik nicht in physikalischer, chemischer, biologischer und ökonomischer Logik untergeht.

Ein wichtiges Beispiel dafür sind die Ethikkommissionen, die ausgehend von den USA nun zunehmend auch in Europa eingerichtet werden in all den verschiedenen Bereichen, wo es um Forschung und Anwendung von Biotechnologie und Medizin am Menschen geht. In den meisten Ethikkommissionen sind theologische Ethiker aller Konfessionen zur Mitwirkung und Mitarbeit eingeladen. Solche Ethikkommissionen stehen und fallen mit dem Gespräch der anwesenden Experten. Der theologische Ethiker bringt nun gerade in den hochkomplexen Sachfragen keine Fachkompetenz mit. Er kann nicht für die Überschreitung von Grenzwerten und daraus resultierende Gefährdungen von Menschen verantwortlich gemacht werden. Er hat aber die Aufgabe, sich gut in die Standards einzuarbeiten, nach denen die medizinische Forschung am Menschen ethisch beraten wird, und sich auch engagiert in die Weiterentwicklung dieser Standards einzubringen. In der Beratung konkreter Protokolle geht es darum, im richtigen Augenblick die richtigen Fragen zu stellen, so dass das Gespräch der Teilnehmer mit ihrer unterschiedlichen Fachkompetenz integrativ geführt wird, kein wichtiger Aspekt unbedacht bleibt und alle Abwägungen tatsächlich unter dem Aspekt der Personwürde und des Wohles der Betroffenen vorgenommen werden.

Dass konkrete Initiativen von Seiten theologischer Ethik sich lohnen und zum richtigen Zeitpunkt auch eine Chance haben, zeigt das im Europarat beschlossene Dokument über die Menschenrechte Sterbender. Unsere gesellschaftliche Situation mit den vielen kaum mehr überschaubaren Bereichen, in denen ethische Fragen verhandelt werden, geben dem, der im richtigen Augenblick eine Initiative ergreift, auch eine gute Chance auf Erfolg. Ethisches und politisches Handeln werden nur dann Erfolg haben, wenn sie auch von Phantasie getragen sind. Unter Phantasie ist hierbei nicht eine x-beliebige Wunschvorstellung zu verstehen, sondern die Fähigkeit, sich zeitlich, räumlich und gesellschaftlich entfernte Realitäten richtig vorzustellen und konsequent und mit Ausdauer darauf hin zu handeln.

Dennoch bleibt der Erfolg nicht die letztgültige Kategorie für das Engagement theologischer Ethik. Theologische Ethik speist sich aus anderen Quellen und setzt sich auch dort ein, wo sich kurzfristiger Erfolg nicht einstellt. Das biblische Wort von dem einen der sät und dem anderen der erntet bleibt im Positiven wie im Negativen ein entscheidendes Kriterium auch für theologisches Handeln.

Indirekte Theologie - ein Ziel?

Damit Kirche und Menschen, theologische Ethik und Politik nicht aneinander vorbeireden, bedarf es eines auch systematisch reflektierten Selbstverständnisses und einer darauf aufbauenden, gut begründeten Strategie. Wenn Kirchen Antworten auf Fragen geben, welche die Menschen nicht stellen, aber die Antworten der Kirchen, welche die Menschen annehmen, von der Kirche gering geachtet werden, dann bedarf es einer grundsätzlichen Reflexion auf die dialogische Kompetenz theologischer Ethik. Wenn theologische Ethik deduktiv von bestimmten Positionen und auch lehramtlich vertretenen Thesen ausgeht, dann sind Missverständnisse und Aneinander -Vorbeireden so gut wie vorprogrammiert. Der direkte Weg, Theologie in den politischen Prozess mit theologischem Vokabular einzubringen, dürfte von vornherein verfehlt sein.

Das Konzept einer indirekten Theologie versucht, die theologischen Implikationen von Fragen, die die Gesellschaft und die Politik heute bewegen, aufzuspüren und mit nichttheologischer Sprache und Argumentation auszudrücken. Da das Gesundheitswesen zur vermutlich wichtigsten Wachstumsbranche im nächsten Jahrhundert werden wird, gilt es sich zunächst einmal auf die Eigengesetzlichkeit der mit der Technologie gegebenen Fragen einzulassen, aber ebenso sich der institutionellen Formen anzunehmen, in denen die moderne Medizin und Biotechnologie zur Anwendung kommen. Theologische Ethik muss versuchen, ihre Anliegen innerhalb der Eigengesetzlichkeit dieser Bereiche mit Vernunftgründen plausibel zu machen; dies gelingt nicht auf direktem, sondern eher auf indirektem Weg.

Ob und inwieweit Theologie in der Gesellschaft in Zukunft wieder direkt gefragt wird, oder ob Theologie auf diesem indirekten Weg noch mehr an Relevanz verliert, ist schwierig zu beantworten. Vieles aber spricht dafür, dass Theologie auch in Zukunft in diesem beschriebenen Sinn einer indirekten Theologie eine Rolle in Gesellschaft und Politik spielen kann. In geschlossenen Gesellschaften mit einer geschlossenen Religion funktioniert die Moral fraglos. In einer offenen und pluralen Gesellschaft mit einer auch offenen Religiosität nimmt auch der Theologe teil an den Widersprüchen der Gesellschaft und wird vermutlich dann am meisten ausrichten, wenn er sich - gemäß dem Motto von Johannes XXIII. - nicht zu wichtig nimmt.

Der theologische Ethiker partizipiert an tragischen Konflikten in der Gesellschaft. Er hat keine Patentlösungen anzubieten. Er wird damit rechnen müssen, sich im politischen Tagesgeschäft auch die Hände schmutzig zu machen und Kompromisse schließen zu müssen. Er wird zwischen die Fronten geraten, ausgespannt zwischen den idealistischen Maximalforderungen des Lehramtes einerseits und den Niederungen des politischen Alltagsgeschehens andererseits. Man wird oft versuchen, ihn als Feigenblatt zu missbrauchen. Dennoch weiß er um die Sinnhaftigkeit des Bestrebens, eine im Bild Gottes schlechthin – in Jesus Christus - theologisch letztbegründete Menschenwürde wider den Zeitgeist und die Gefahren der modernen Wissenschaft, Wirtschaft und Gesellschaft argumentativ in den politischen Diskurs einzubringen, ohne Anspruch auf persönliche oder institutionelle Macht zu erheben.

Der Theologe, auch der theologische Ethiker kann Transzendenz nicht schaffen. Er muss vielmehr darauf achten, dass er Transzendenz nicht verstellt durch einen theologischen Atheismus geschlossener Systeme und fertiger Lösungen. Er muss aber auch darauf achten, keine Chance ungenützt zu lassen, in den gesellschaftlichen und wissenschaftlichen Suchprozessen die richtigen Fragen zum richtigen Augenblick zu stellen. Die Würde der menschlichen Person darf im interdisziplinären Dialog nicht zu einer Formel verkommen.

Aus dem Glaubensdialog heraus kann sie stets neue Zufuhr erhalten in dem Sinn, dass der lebendige Gott - der in sich selbst Gemeinschaft ist - in seiner personalen Macht den Menschen so anspricht, dass dieser stets neu zur Person wird, die niemals fertig ist.

Teilnehmer am Symposion

Mag. Elisabeth Aigner, Graz
Prof.Dkfm. Hugo Bogensberger
Univ.Prof.DDr. Johann Brunner, Linz *
Prof.Dr. Anton Bucher, Salzburg
Univ.Prof.Dr. Hermann Denz, Innsbruck
Em.Univ.Prof.Dr. Franz Ferschl, München
Univ.Prof.Dr. Volker Gadenne, Linz
Monika Gimplinger, Salzburg
Dr. Michael Hofer, Linz
Univ.Prof.Dr. Thomas Kenner, Graz
Brigitte Kenner, Graz
HSProf.DDr. Severin Lederhilger, Linz
HSProf.DDr. Markus Lehner, Linz *
Dr. Sigrid Mühlberger, Wien
Em.Univ.Prof.DI Dr. Franz Pirchner, Innsbruck
DI Edeltraud Pirchner, Innsbruck
DI Peter Schintlmeister, Wien
Dr. Markus Schlagnitweit, Linz
Univ.Prof.Dr. Heinrich Schmidinger, Salzburg *
Mag. Paul Schroffner, Wien
Dr. Hans Spatzenegger, Salzburg
Em.Univ.Prof.Dr. Irmfried Speiser, Wien
Univ.Prof.Dr. Günter Virt, Wien
em.HSProf.Dr. Wilhelm Zauner, Linz *

* Mitglied der Projektgruppe zur Vorbereitung des Symposions

Autoren und Herausgeber

Univ.Ass.Mag. Elisabeth Aigner, Institut für Pastoraltheologie und Pastoralpsychologie der Katholisch-Theologischen Fakultät der Universität Graz

Univ.Prof.Dr. Anton Bucher, Institut für Religionspädagogik der Katholisch-Theologischen Fakultät der Universität Salzburg

Univ.Prof.Dr. Hermann Denz, Institut für Soziologie der Sozial- und Wirtschaftswissenschaftlichen Fakultät der Universität Innsbruck

Univ.Prof.Dr. Volker Gadenne, Institut für Philosophie und Wissenschaftstheorie der Sozial- und Wirtschaftswissenschaftlichen Fakultät der Universität Linz

Univ.Prof.Dr. Heinrich Schmidinger, Institut für Philosophie der Katholisch-Theologischen Fakultät der Universität Salzburg

Univ.Prof.Dr. Günter Virt, Institut für Moraltheologie der Katholisch-Theologischen Fakultät der Universität Wien

HSProf.DDr. Markus Lehner, Direktor des Instituts für Caritaswissenschaft an der Katholisch-Theologischen Hochschule Linz

Forum St. Stephan
(Ebendorfer Straße 8, A-1010 Wien)

Agnes Niegl (Hg.)
Frühe Kindheit
Band 1, NÖ. Pressehaus:St. Pölten 1985.

H. Bogensberger/R. Kögerler (Hg.)
Grammatik des Glaubens
Band 2, NÖ. Pressehaus:St. Pölten 1985.

P. C. Aichelburg/R. Kögerler (Hg.),
Evolution
Band 3, NÖ. Pressehaus:St. Pölten 1987.

H. Bogensberger/W. Zauner (Hg.),
Versuch, über Gott zu reden
Band 4, NÖ. Pressehaus:St. Pölten 1987.

H. G. Zapotoczky (Hg.)
Menschliches Handeln
Band 5, NÖ. Pressehaus:St. Pölten 1989.

Heinrich Schneider (Hg.)
Macht und Ohnmacht
Band 6, NÖ. Pressehaus:St. Pölten 1988.

H. Bogensberger/W. Zauner (Hg.),
Kontinuität und Wandel der Ehe
Band 7, NÖ. Pressehaus:St. Pölten 1989.

R. Kögerler/H. G. Zapotoczky (Hg.)
Dimensionen der Psyche
Band 8, NÖ. Pressehaus:St. Pölten 1990.

H. Bogensberger/W. Zauner (Hg.)
Perspektiven des Sozialstaates 2000
Band 9, NÖ. Pressehaus:St. Pölten 1990.

H. Bogensberger/F. Ferschl/R. Kögerler/W. Zauner (Hg.)
Erkenntniswege in der Theologie
Band 10, Styria:Graz 1998.

Milan Machovec
Die Frage nach Gott als Frage nach dem Menschen
Band 11, Tyrolia-Verlag:Innsbruck 1999.

M. Lehner (Hg.)
Mauerblümchen Theologie.
Zur Rolle der Theologie im Wissenschaftsbetrieb
Band 12, Verlagsatelier Helmut Wagner:Linz 2000